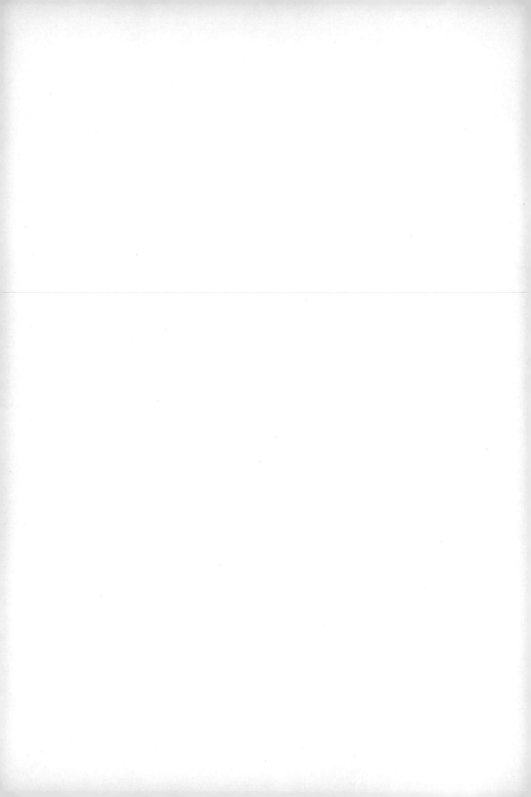

中庸的智慧

子思【原著】
丹明子【解譯】

目錄

目錄

前言

《中庸》是中國儒家的重要哲學經典之一，是一部含有深刻哲理的重要古代思想文獻，通常被認為是孔子的孫子子思所著。它原來是《禮記》中的一篇，宋的朱熹把《中庸》從《禮記》四十九篇中分割出來，與《大學》、《論理》、《孟子》合在一起，使它成為「四書」之一。它的內容主要是發揮和貫通孔子「中庸」的思想。「中」就是不偏不倚，「庸」就是常。以「中庸」為名就是啟發人們在思想上要不偏不倚，在行為上要不走極端，無不及亦無過之。其中也表現了儒家關於修身、治國、處世等方面的倫理道德思想。同時，《中庸》一書還希望人們以「至誠」的態度不斷進行道德修養，以達到自我完善的境界。

中國傳統文化博大精深，中庸的思想作為中國傳統文化的一個重要方面，是內容相當豐富的人生哲理，也是實用的學問，可以使我們終身受用不盡。北宋的程顥、程頤兄弟認為，《中庸》「放之則彌六合，卷之則退藏於密，其味無窮，皆實學也。善讀者玩索而有得焉，則終身用之有不能盡者」。實際上，從中國的道家、墨家、佛學等思想之中，我們都可以看到中庸之道的相通之處——剛柔相濟、統籌兼顧、隱惡揚善……這些都是智者們的智慧交合點。

大量的生活實踐證明，我們每個人立身處世都離不開「中庸」二字。試想，如果我們為人處事、待人接物不是不到位，就是太過分，永遠達不到不偏不倚、恰到好處的境界，又怎麼可以獲得成功的人生呢？在複雜的社會環境中，如果我們可以理解一點儒家思想所倡導的中庸之道，獲得真正意義上的成功，真正實現我們的人生目標一定會有很大的幫助。小到我們每一個人，大到我們整個社會，如果能以中庸之道行事，那麼對於建設和諧社會，幫助人們和諧相處都是大有裨益的。中庸思想中的「致中和」與如今我們要構建和諧社會是何等的相通啊！

這本《〈中庸〉的智慧》，是作者將自己對《中庸》一書的理解進行的一個簡單的陳述，其中存有不足也在所難免，僅希望能給大家帶來一些智慧的啟迪。

丙戌年春

丹明子於北京

第一章——天下的根本是中與和

原文

天命之謂性；率性之謂道；修道之謂教。

道也者，不可須臾離也；可離，非道也。是故君子戒慎乎其所不睹，恐懼乎其所不聞。莫見乎隱，莫顯乎微。故君子慎其獨也。

喜怒哀樂之未發，謂之中。發而皆中節，謂之和。中也者，天下之大本也。和也者，天下之達道也。致中和，天地位焉，萬物育焉。

《譯文》

上天所賦予人的自然秉性就是「性」，遵從著自然秉性做事就是「道」，把「道」修明並且推而廣之教給別人就是「教」。

「道」這個東西，是不可以片刻離開的；如果可以片刻離開，那就不是「道」了。所以那些品德高尚的君子在沒有人看見的時候也行爲謹慎，在沒有人聽見的時候也內心戒懼。沒有比隱藏更明顯的了，沒有比微小更顯著的了，所以君子在一個人獨處的時候要謹慎而嚴格要求自己。

人的歡喜、憤怒、哀傷、快樂的情感還沒有表現出來，就是「中」；表現出來了並且都合乎時宜和禮節，就是「和」。「中」是天下人的根本；「和」是天下人所遵從的原則。達到了「中和」的境界，天與地也就各在其位了，萬事萬物也就生長發育了。

【智慧解析】

我們每一個人都具有自然賦予我們的「天性」，這種「天性」中既有共性，比如生、老、病、死的自然規律，餓了要吃、渴了要喝等等；也有每個人特有的個性，比如一個人的脾氣、愛好等等，當然這種天性，還包括人類擁有自己的精神與意志，並且會用自己的精神和意志來思考和判斷這一特點。既然「天性」是大自然賦予我們的，那麼就會有我們所主宰不了的方面，這就是我們自身認識的局限性和片面性，以及我們能力的有限性。所以人們常常說：「心有餘而力不足」，有時我們做起事情來又常常是「力有餘而心不足」。

因此從這一意義上說，我們的命運有時候真是由大自然安排的。所以，只有遵從大自然的規律、定理做事情，一切順其「自然」，順從了自然的本性，才會自然而然地獲得成功。這樣來做事情，就可以說是「道」了。

然而，對順乎自然的本性做事情，絕不可以理解為什麼事情也不去做了，乾脆守株待兔一般地聽天由命，愛怎樣就怎樣吧。順乎自然地做事情，只可以理解為是我們為人處世的「隱規則」，是以「做」事情為前提的。以「道」的標準來做事，其實說的是凡事不能蠻幹，不要做與本性相違背的事情，不自以為了不起而做事張狂，不逞強好勝地扭曲自己的本性，這才是順乎自然的真正寓意。

這裏有兩個小故事讓我們來對比一下，或許可以幫助我們更好地理解做事情須合乎「道」的重要意義。

第一個故事是說有一個人在回家的路上剛好看到樹杈間的一隻小小的繭子上裂開了一個小口，他從來沒有看到過這番景象，於是停下來觀察。那是一隻蝴蝶的繭子，一隻新生的蝴蝶正艱難地從那個小裂口中一點一點地掙扎出來，很長時間過去了，蛻變似乎一點進展也沒有，看起來蝴蝶似乎已經是竭盡全力了……

這位觀察者實在替蝴蝶著急，他決定幫一幫它。於是他找來一把剪刀，小心翼翼地把繭子剪開，這樣小蝴蝶就可以很容易地從繭子中掙脫出來。可是，它並沒有像這個幫助它的人想像的那樣展翅飛翔，而是身體萎縮，翅膀也緊緊地貼在身上。這個助人為樂者期待蝴蝶的翅膀伸展起來，成為一隻美麗的蝴蝶，然而，這一刻卻始終沒有出現。

而另一個故事則發生在寺院裏。春天來了，寺院的院子裏還是一片枯黃，師父讓小和尚準備一些草籽。小和尚問師父什麼時候撒種，師父回答說：「隨時。」

春天總是颳風，小和尚撒的草籽中有一些被風吹走了，他慌了神，對師父說：「不好了！好多草籽被風吹走了。」師父說：「那些被風吹走的草籽多半是空的。隨性。」

夜裏下了一場不小的春雨，清晨小和尚著急地對師父說：「師父！許多草籽被雨水沖走了。」師父說：「沖到哪裏都會發芽的。隨緣。」

一個星期過去了，枯黃的草下面泛出了綠意，草籽長出青翠的苗了。小和尚高興地跑去告訴師父。師父說：「隨喜。」

從這兩個故事中，我們不難發現第一個故事中的那個所謂的「好心人」其實並不知道，蝴蝶只有靠自己努力從繭子上的小裂口掙扎著擠出來，才能將體液從身體擠壓到翅膀上，從而展翅飛翔，這是無法改變的自然規律。做事不遵從「道」，即使努力了，也不會獲得成功。也許我們更應該向第二個故事中的師父學習，依事情的本性而動，自然會有不小的收穫。因此我們這裏就有了「道」的基本解釋，那就是自然規律，違背了自然規律，就算成功了，也只是暫時的，得不到永久的勝利。

做事情要合乎「道」是值得我們借鑒的為人處世方法。也許有人會舉出一些事例來發問，比如說人們有欲望的本性，那麼是不是做事情就應該遵從這種欲望而為之呢？這不也是自然規律嗎？誠然，我們人的欲望是與生俱來的，是一種自然本性，但實際上，人的這種自然的欲望只不過是宇宙萬物中的一點塵埃，而我們做事情要遵從的是最大的「道」，我們的生存更要遵循大的自然規律。因此我們的自私與貪婪的欲望如果不加以控制和正確的導引，最終導致的是相互爭鬥、爾虞我詐，結果是帶來無盡的痛苦和悲哀，這才是大「道」的規律，而這樣的事例是不勝枚舉的。所以，真正地遵從「道」來行事，是要我們獲得生存的智慧，返樸歸真，而非是依照那些小欲小望的本性而行事。

學習和推廣回歸本性、遵從規律的做事方法，這就是「教」。雖然，我們在人生旅途中一時一刻也離不開「道」，因為它是最根本的規律，如影隨形一般地統率著人的「本性」，然而「道」卻又是不同尋常的，它常常說不清、道不明。老子在《道德經》一書中說：「道可道，非常道；名可名，非常名」。所以，「教」的過程其實靠的是我們去體悟，然後再用它來指導我們的實際行動。有人認為做事情要「隨性而為」，其實是不對的，正確的做法是用我們的智慧做到「率性而為」，也就是引導人的本性去行動，這才是一個能成就大事的人所應具備的德操！

一個可能獲得成功的人，常常是善於修養自身的人。這裏所說的修養自身，如果只理解為要使自己「清心寡欲」，未免太過狹隘。而是要修養自己認識「道」，依「道」而行的能力，這才是積極的心態。

真正的聰明人，正是由於認識到了「道」的重要意義，才會真心實意地依照「道」去做事，即使在沒有人看見的時候也會行為謹慎；在沒有人聽見的時候也會內心戒懼。一個人在獨處時候的行為態度，會漸漸成為一種習慣，從而在做事時產生慣性的影響，在獨處時的那些所謂的「隱私行為」，並不一定能永遠不見天日，思想稍有鬆懈，就會顯現出來。這就是「沒有比隱藏更明顯的了，沒有比微小更顯著的了」的含意所在。那些只是裝裝樣子給別人看的人，他的行為隱藏得了一時，隱藏不了一世，最終將會在不知不覺中暴露。所以，君子在一個人獨處的時候，也會謹慎而嚴格地要求自己。這種儒家思想所提倡的「慎獨」，其實具有非常現實的行為指導意義。

《論語・鄉黨篇》中的記載孔子「寢不屍，居不客」，意思是說孔子睡覺時不像死屍，家居不像接見客人或者自己作客一樣。睡覺時採取怎樣的睡姿，平日在家時是怎樣的坐姿，這些看起來都是平常小事，之所以在《論語》一書中收錄，就是為了說明即使是睡姿和在家中的坐姿這樣的通常不會為外人所知的家居小節，孔子也是十分重視的，絕不會人前一套，人後一套。這就是孔聖人「慎獨」的表現。

再推廣一些來看，那些不正確的觀點、態度，即使是微小或者極不易被人們察覺的，也會積少成多，結果是最終的暴露，即使騙得了別人，甚至騙了自己，也騙不了事情的現實結果。所以，真正值得我們去認真把握的，就是我們的心理狀態和思想意識。這種意識，常常是隱藏著的，既不易被別人察覺，又不易被我們自己察覺。是我們平時聽不到、看不到，卻又真實存在的。只有在「慎獨」的狀態下，我們的內心才能處於一種平靜、淡然的狀態之中，才能真正做到判斷事物不偏不倚。這就好像我們平時為了看到自己的相貌而照鏡子一樣，自覺地直指自己的內心世界，從而看到自己平時看不到或是沒有注意的事情。

由此不難看出，一個人還沒有表現出喜、怒、哀、樂的情感時，心中平靜淡然，就叫作「中」。喜、怒、哀、樂都是人們的正常感情，是人們由於受到外界事物的刺激而產生的正常反應，如果人們缺乏了其中的一樣，恐怕就是有缺陷的人了。為什麼說喜怒哀樂的情感沒有表現出來的時候是「中」呢？因為這時它們是被控制的，內心保持著平靜，沒有偏斜，這是合乎正道的。然而，感情得不到正常的宣洩是不可能的，但宣洩需要有個尺度。這個尺度是不要看到好的事情就喜形於色，遇到不高興的事情便勃然大怒，過度悲哀或是極端高興，而是情感表現得合常理、合時宜、有節度，這就是「和」，就是符合中庸之道的行為。在《論語．八佾篇》中記載，子曰：「關雎，樂而不淫，哀而不傷。」即孔子說，《詩經》中的《關雎》，快樂而不放蕩，哀婉而不悲傷。這句話表面看來是孔子對《詩經．關雎》的評價，但仔細分析則可以看出孔子對於一個人情感控制能力的重視。人是感性與理性的結合體，在孔子看來，情感的表露也應當合乎節度。即使是快樂或哀怨之時，也不會樂、悲而忘形，也許這就叫做「喜怒不行於色」吧？同樣的，即使是控制情緒也不能做得過分了，那會使他人感覺你性格陰鬱，城府太深，不好交往，從而對你敬而遠之。

「中」與「和」是中庸之道的很重要的概念。中，就是不偏不倚，保持一種適可而止的處世態度，合乎自然的中正之道。和，就是和諧，是對待事物能保持一顆平常心，不與自然之道相背離。

現代人注重情感的釋放、個性的張揚，常常在行為上忽略對「中」的把握。然而，如果置理智的情感控制於完全不顧之地，常常會樂極生悲、事與願違。當我們一旦達到了「中和」的境界，我們自然都能心平氣和地去待人接物、去做事處世，生活環境也就會秩序井然，並且得到良好的改變。無論是在自然環境還是人類社會中，也只有在「中和」的和諧環境裏，萬事萬物才能平等共存。所以說，「中」是我們人性的根本；「和」是我們所必須遵從的原則。達到了「中和」的境界，天與地也就各在其位了，萬事萬物也就欣欣向榮地生長發育了。

第二章——君子中庸，小人反中庸

原文

仲尼曰，「君子中庸；小人反中庸。君子之中庸也，君子而時中。小人之反中庸也，小人而無忌憚也。」

《譯文》

孔子說：「有道德的君子能夠做到中庸，無道德的小人的行爲則違背中庸。君子之所以能達到中庸的境界，是因爲他的言行時時刻刻適中。小人之所以違背中庸，是因爲他無所顧忌、肆無忌憚。」

【智慧解析】

這一章告訴了我們「中庸」這個詞的由來。它從孔子這位聖人的嘴裏說出來，中庸，其實就是不偏不倚、無過之亦無不及的平常道理。孔子認為，能否做到中庸是君子與小人的區別。

君子是有道德的人，所以能夠隨時隨地地保持「中」的境界，也就是中和平常、適中，做事情合乎中道，有一顆平常心，不急不躁。這是因為君子立身處世，不是圖名圖利，所以不會患得患失，急躁冒進；亦不會氣人有笑人無，而是做事情求同存異、公平客觀，所以是中庸的。小人卻只想滿足一己私欲，圖名索利，沽名釣譽，為達目的不擇手段，做事情不會遵循客觀規律，待人接物偏三向四，怎麼可能做到中庸呢？更沒有可能得到永久的勝利！

在《論語》這部儒家重要經典中，記錄了孔子對君子與小人不同行為方式對比的看法。比如，「君子周而不比，小人比而不周」；「君子懷德，小人懷土；君子懷刑，小人懷惠」；「君子喻於義，小人喻於利」；「君子坦蕩蕩，小人長戚戚」；「君子成人之美，不成人之惡。小人反是」；「君子和而不同，小人同而不和」；「君子易事而難說也。說之不以道，不說也；及其使人也，器之。小人難事而易說也。說之雖不以道，說也；及其使人也，求備焉」；「君子泰而不驕，小人驕而不泰」；「君子而不仁者有矣夫，未有小人而仁者也」；「君子求諸己，小人求諸人」；「君子不可小知而可大受也，小人不可大受而可小知也」等等，這些精闢的總結可以幫助我們理解中庸之道的深刻內涵。

君子的「時中」，就好像孔子的學生子貢問孔子說：「子張和子夏哪一個比較賢德呢？」孔子的回答是，子張過分，子夏不夠。子貢又問：「那麼是子貢更賢德一些了？」孔子回答說：「過猶不及。」孔子以中庸為至德，認為做事情過分和不夠是同樣不妥當的。「過猶不及」一詞，也已經成為如今為我們所熟知的富於哲理的成語，在日常生活與工作各方面都有著指導意義。比如說，工作中想做出成績，不努力是不行的，這就是「不及」；可是為了好成績而有過激行為，甚至不擇手段，這就是「過」，兩種做法的後果不相上下，都不可取。

在《登徒子好色賦》一文中，宋玉曾經描寫大美人東家之子說，「增之一分則太長，減之一分則太短；著粉則太白，施朱則太赤」。這句話也可以幫助我們理解中庸之道的真諦。總而言之，中庸就是恰到好處的意思。

在日常生活中，做事情達到中庸的境界，或者說做到恰到好處確實不容易。讓我們來看這樣一則小故事，對於我們理解中庸之道或許有些幫助。

在英國，有一對夫婦帶著五個十二歲以下的小孩在馬戲團劇場前的售票處排隊購票。此時，孩子們都很興奮，雖然穿著便宜的衣服，但是全身上下都是乾乾淨淨的，手牽著手跟在父母的身後，嘰嘰喳喳地談論著馬上就會看到的小丑、大象、獅子……今天晚上當然是這些孩子們生活中最快樂的時刻了。

他們的父母看上去也很神氣：母親挽著父親的手，夫婦倆注視著他們的孩子，眼神彷彿在說：「能帶給孩子如此快樂的父母是多麼偉大啊。」

當他們排到售票窗口時，售票員問父親要多少張票。他回答說：「請給我五張兒童票，兩張成人票。」售票員說出了票價的總額，這位父親好像沒有聽清似的，嘴唇微微抖動了一下，問了一句：「你說多少錢？」售票員於是又說了一次。父親知道，自己帶的錢和那個數目相比，差得很遠。可是，此時他怎能轉身告訴五個興致勃勃的小孩說他沒有足夠的錢讓他們看馬戲呢？

這一切都被他們身後的一位男士看在眼裏了。那位男士悄悄地把手伸進自己的口袋裏，掏出了一張一百元的鈔票，又悄悄地把它扔到地上。接著，他蹲下來，撿起那張鈔票，拍了拍那位父親的肩膀，說道：「對不起，先生，這是從你的口袋中掉出來的！」

這位父親愣住了，不過他馬上就明白了其中的原因。他的目光中充滿了感激的神色，但並沒有說任何感激之辭，只是在接過那張鈔票時用力地握了一下對方的手。

那位在關鍵時刻幫助那對夫妻的人的做法可以說就達到了恰到好處的中庸的境界，既毫不猶豫地解了他人的燃眉之急，又沒有因為過分張揚而給人家帶來任何負面影響。

行中庸之道，其實也就是我們常常說的做事要把握分寸、合乎尺度，即使是善舉，若是超過限度，也可能轉化為惡。為人處世要想有所成就，有做事的分寸感十分重要。恰如其分、恰到好處的中庸之道也就是人生的最高境界和最大學問了。

歷史上，立下絕世功勳卻由於做事忽略了「中庸」二字而沒能逃脫「狡兔死，走狗烹」的厄運的人不勝枚舉，然而有一個人卻是個例外。清朝末年，重臣曾國藩回湖南組建湘軍，先後攻克太平軍控制的幾個重要城市，最後攻陷金陵，曾國藩也因此而受封一等侯爵。也就是在這時，曾國藩發現他的湘軍總數已經達到三十萬眾，並且成為一支只聽命於曾國藩本人，除此以外誰也調動不了的私人武裝。曾國藩深知顧命大臣功高震主的利害關係，於是開始自削兵權，目的就是要解除朝廷對他的顧慮，使自己依然得到信任和重用，也正因此曾國藩更加受到皇帝的信賴。曾國藩的「好運」就在於，他善於把握做事情的尺度與分寸。俗話說「人無千日好，花無百日紅」，人的一生也不可能永遠春風得意，這是自然的規律，所以適可而止是最明智的。

歷史有著相似的必然規律，這也是中庸之道，遵循中庸之道為人處世，就等於真正掌握了自己的命運。

在佛教中，也提倡類似中庸之道的智慧。佛經中記載了一個很有啟發性的故事：釋迦牟尼有一個弟子名為二十億耳尊者，有一次釋迦牟尼發現這位弟子誦經時表現得十分悲切、激昂，釋迦牟尼於是問道：「你誦經如此悲切，心中一定有很多煩惱，你因什麼而有這些煩惱呢？」二十億耳尊者說道：「世尊，我出家修行很久了，眼看別人行到了三昧，證得了禪定，乃至於成道、證果，而我不但沒有成道證果，連三昧都得不到，所以覺得很悲傷，心也靜不下來，誦經也誦不下去，請世尊慈悲開示。」釋迦牟尼又問：「你沒有出家以前是做什麼的呢？」二十億耳尊者回答：「世尊，我沒有出家以前是彈琴的。」釋迦牟尼便問他說：「好，我現在問你，怎樣才能把琴彈得很好？如果琴上的弦太鬆了，有沒有聲音？」二十億耳尊者回答說：「世尊，弦太鬆了就根本沒有聲音。」「那麼，把這根琴弦上得很緊，聲音好不好聽呢？」尊者回答說：「世尊，弦太緊了彈出來調子不正確，甚至弦還會崩斷。」於是釋迦牟尼說：「我們修行也是一樣，心不能太緊張也不能太懈怠。太緊張容易生無明、起煩惱，反而定不下心來；太鬆懈了，又容易懈怠散漫。所以我們的心應當保持不鬆不緊。誦經的時候也應當這樣，做到了就自然有證果可以得到。」

能海上師說：「般若無相」。意思是說，般若智慧沒有什麼形象，表現在人事上，如果這個人做事情有條有理，恰到好處，和諧適度，這就是般若智慧的表現。

所以說，做事情是否中庸，不僅僅是君子和小人的區別，也是成功者與失敗者的區別，是智慧與愚蠢的區別！

第二章——中庸是最高的德行

原文

子曰：「中庸其至矣乎！民鮮能久矣。」

《譯文》

孔子說：「中庸是最高的德行了吧！人們很少能長久地實行它。」

【智慧解析】

中庸之道是最高的德行，這是為什麼呢？最難者最高，就是因為很少有人能夠真正地履行它，不僅僅是小人不懂得中庸的道理，我們這些平常人也常常不明白其中的真諦，甚至居於高位的人也不能夠按照中庸的道理行事。所以行中庸之道才顯得難能可貴。中庸之道是最具智慧的行為，因為只有擁有智慧的人，才能真正以中庸之道行事！

那麼，為什麼中庸這種智慧、至德曲高和寡呢？我們每個人都有趨利避害的天性，這種天性使我們不會僅僅滿足於吃得飽、穿得暖，而是有更多的欲望、有更多對於美好事物追求的衝動。然而，對美好事物的追求如果無節制地膨脹，就會變成貪婪的欲望，美好的事物也因此而變得醜陋了。我們為了使自己能生活得更好，讓自己的社會地位更優越，得到他人的讚譽和尊敬，就產生了名利的欲望。於是，我們漸漸地不再僅僅是為了生存而忙碌，還為了名與利去忙碌，也由此變得像一只旋轉不停的陀螺，而不斷抽打陀螺旋轉的動力，就是無窮無盡的欲望。欲望貪婪的人，無法正常地生活與工作，任何已經很不錯的境況，在這樣的人眼中都仍然不夠好，他們只想要更好，於是便越來越不按事物的常理做事，不在恰當的時候做恰當的事，漸漸背離了事物的正道，這就是孔子所說的做事「過」了。這樣的人自然無法依中庸之道立身處世。古今中外，那些恃才傲物、好大喜功，不知見好就收，不知「水滿則溢、月滿則盈」道理的人比比皆是，這恰恰就是中庸之道不易行的例證。

也正是我們的這種趨利避害的天性，催生出了另外一類人。這類人與那些為了達到目的而瘋狂行事的人不同，他們甘於平庸，不思上進，凡事喜好偷懶，口頭禪是「差不多就行」，根本無心做一番轟轟烈烈的事業。這類人做事就是所謂的「不及」，也不可能以中庸之道來為人和行事。

這樣說來，中庸之道確實是很難行的了，所以更加應該把它當作一種理想的行為規範而加以提倡。如果連「中庸」的道理都不明白，就更別說照著它去為人做事了。

中庸之道實質上就是要行當行之事，不做「不及」或者過分之事。義大利AC米蘭隊的當家射手舍甫琴科一直被認為是足球運動員的典範，他的行為恰恰在有意無意之中表現出了古老的中國智慧——中庸之道。在球場上舍甫琴科威風八面，但是走出球場，他將自己的生活安排得十分「正常」：非常低調，緋聞、醜聞絕不會與他沾邊。與舍甫琴科相反，曼聯隊的前鋒魯尼卻顯得「少不更事」，他在球場上詛咒裁判，惡意報復對手，在賽場外打架、招妓，被評價為一個愛使小性子的愚蠢男孩。英格蘭隊長希勒就曾經指責魯尼，說他沒把本該是屬於足球運動員的天賦用在正道上。

良好的語言表達與得體的待人接物行為，其實也能表現出「中庸」的道理。說話時，既不出言不遜、出口傷人，又切中要害、直指核心；遣詞用字既符合說話的場合，又符合自己的身分，能恰當地表達出自己的觀點；既要妙語連珠，又不能給人以誇大其詞的壞印象，能做到這些，就可以說達到了一種中庸的境界。

舉例來說，客氣話是我們用來表達恭敬和感激意思的常用語言，恰當地說說客氣話，可以拉近我們與他人之間的距離，為我們建立良好的人際關係。可是如果客氣話說多了，就會流於浮滑，流於虛偽，適得其反。比如有人遞給我們一杯茶，我們只說一聲謝謝也就夠了，說多了反而很不正常，就好像姜昆說的一段有名的相聲《踩腳》中描述的那樣，一個人踩了另一個人的腳，這原本是一件小事，那位踩人腳的人卻從科技到網路，再到國際新聞、政治形勢，天南地北地無所不侃，本來只是說一句表達歉意的話的事，讓這個人一說就十分令人生厭。

再比如在語言表達時適當地配合以肢體動作能夠達到加強語言效果的作用，然而在歷史上記載了一九三三年的一次冗長的演講紀錄，一位名叫愛蘭德爾的美國參議員為了通過「私刑拷打黑人的案件歸聯邦法院審判」的法案，竟然在參議院高談闊論了五天之久，據說他在講臺前踱步七十五公里，做了一千個手勢。另一次長得過分的演講發生在一八一二年，一個眾議員用馬拉松式的演講來阻止通過美對英宣戰的決議，直到戰火燒到家門口，形勢已經迫在眉睫，這位議員仍在喋喋不休。時至半夜，聽眾席上鼾聲四起，最後一個議員急中生智，將一個痰盂扔到演講者頭上，才終止了他的發言，最終還是通過了宣戰決議。這兩位演講者都忽略了「中庸」的做事原則，不知道做事恰到好處才能獲得良好的結果。

中庸之道雖然看似平常，然而越平常的事情往往越難做到。不過，雖然中庸之道「民鮮能久矣」，但卻絕非不可能做到之事。

第四章——既無過之，亦無不及

原文

子曰：「道之不行也，我知之矣：知者過之；愚者不及也。道之不明也，我知之矣：賢者過之；不肖者不及也。人莫不飲食也。鮮能知味也。」

《譯文》

孔子說：「中庸之道不能實行，我知道了，聰明的人實行得過分了，愚蠢的人達不到它的標準。中庸之道不能弘揚，我知道了，賢能的人實行得過分了，不賢的人達不到它的標準。這就好像人們沒有不需要吃喝的，但是很少有人能夠眞正品嘗出滋味。」

【智慧解析】

我們經常會有一種壞習慣，那就是越是普遍存在的具有規律性的東西，就越容易被我們忽略，因為我們已經對此習以為常了，覺得它沒什麼了不起的，中庸的道理就是這樣。比如我們在日常生活中，就經常會發生騎驢找驢的現象。孔子認為中庸之道不能夠得以普遍實行的緣故，是因為那些所謂的聰明人太「聰明」了，處處要顯示出自己的智慧來，結果反而畫蛇添足，凡事都做過了頭，甚至致使事情向相反的方向發展。殊不知「聰明」的智慧應當是自然地流露，是要建立在理性思考的基礎之上的，事情要做到恰到好處的地步，絕不能為了聰明而聰明，不懂得這一點，就不可能做到「中庸」二字。

中庸智慧的核心是恰到好處、適可而止，無過之亦無不及。大軍事家曹操可謂深諳此道。據《三國演義》一書中講，曹操攻下張魯的老巢南鄭，取得重大的軍事勝利。這時，謀士們紛紛進言，勸曹操乘勝進軍，直取益州。主簿司馬懿認為，此時劉備剛剛滅了劉璋的力量，全蜀上下卻並未歸心。益州一勝，乘勢進兵，劉備之軍勢必瓦解，這個天賜良機不應當失去。謀士劉曄也認為，一旦錯過戰機，劉備安定蜀民，據守關隘，日後就難以消滅了。

不過曹操卻不以為然，他認為奪取益州的時機還不成熟，因為劉備此時雖然剛剛奪取勝利，但軍力旺盛，士氣高漲；另外，儘管孫劉兩家矛盾不斷激化，然而一旦曹操的拳頭伸得過長，後方空虛，那麼此時坐壁上觀的孫權絕不會袖手旁觀失此良機，而是很可能繞過荊州直襲許昌。所以，在這種情況下更應當適可而止，按兵不動，不能頭腦發熱，圖一時痛快，應該審時度勢，見好就收。後來的事態發展，也的確如此。也因此說明，能以「中庸」之道行事的人，一定是真正的智者。這是從軍事上來說，在我們的日常生活和工作中，也要明白這個道理，並掌握它，使我們成為生活的強者和智者！

與那些所謂的聰明人相似的是那些愚蠢或者遲鈍的人，他們思維遲鈍，行動較慢，因此做事情不是過了頭，而是達不到正常的標準，所以離中庸的境界也有很大的差距。

有兄弟二人，差不多同時受雇於一家超級市場，一開始他們都從最基層的工作做起。可是半年之後，哥哥開始受到總經理的重用，職位被一升再升，不到一年就當上了部門經理。而弟弟就好像被遺忘了似的，還在原地踏步。對於這件事，弟弟百思不得其解，終於有一天他忍不住了，向總經理提出辭呈，並且趁機痛斥總經理待人不公平。

總經理耐心地聽完這個小伙子的牢騷。說實話，他也知道這個小伙子人品不錯，可是卻總覺得這個小伙子工作做得不到位，好像總是缺點兒什麼。他忽然有了一個主意，於是說：「我想請你馬上到市集去，看一看那裏有什麼東西正在出售。」

弟弟對總經理的要求有些疑惑，不過他還是去了，並且很快就從市集回來了。他說：「剛才市集裏只有一個農民拉了一車馬鈴薯在賣。」

「一車馬鈴薯大約有多少袋，多少斤？」總經理問。弟弟不知道，只好跑去問，回來後說有四十袋。「四十袋馬鈴薯要多少錢呢？」弟弟還是不知道，不得不再次跑到集上打聽。總經理看著跑得氣喘吁吁的弟弟說：「請你在這兒休息一會兒吧，看看你哥哥是怎麼做的。」說完便把哥哥也叫來，對他提出了同樣的要求。

不一會兒，哥哥從市集回來了，他向總經理彙報說，到現在為止市集裏只有一個農民在賣馬鈴薯，有四十袋，價格適中，質量很好，他順便帶回來幾個馬鈴薯給總經理看。又說，這個農民明天將帶幾箱蕃茄到市集上，價格還算便宜，可以從那裏進一些貨。因為他想這種價格的蕃茄超市可能會要，所以他不僅帶回來幾個蕃茄作樣品，而且還把那個農民也帶來了，現在正在外面等著呢。

應該說這位哥哥的行為最接近中庸之道，因此他可以在立身處事之時處於領先的位置。那些所謂的智者，也就是有小聰明的人，其行為超過了中庸，愚者的行為又不及中庸，所以在生活中只有亦智亦愚的人才能真正獲得成功，而亦智亦愚就是該智的時候智，該愚的時候愚。換句話說，那些愛耍小聰明的人要收斂一點不必要的顯露與鋒芒，那些愚笨的人要多一點勤奮與努力，這樣就可以不斷地趨於中庸的境界了。

同樣的，那些賢明的人，因為實力強，精明能幹，所以對自己難免高標準、要求嚴格，做起事來就容易過頭；不賢明的人，能力弱，反應慢，做起事情來自然就可能「欠火候」。這兩類人也應該多多審視自己的行為，賢明的在工作時要稍稍鬆口氣，不賢明的人要時刻鞭策自己加倍努力。

中庸的道理其實就在我們每一個人的身邊，為什麼這麼說呢？《左傳》昭公二十年記載了晏嬰所說的一段話，晏嬰說，做湯，要在水裏放上醬、醋、鹽、梅等佐料，與魚、肉一起烹，每一樣東西分量都要合適，少了加一點，多了去一點，這樣才能做出美味的湯來，這其中就是中庸的道理。對於人們不能行中庸之道的原因，孔子分析認為就如同「人莫不飲食也，鮮能知味也。」的道理一般，就像人們每天都在喝湯，可是卻很少有人真正品味其中的「滋味」。中庸之道存在於萬事萬物之中，人們稍有遵循就可以取得良好的效果，然而人們卻意識不到它的存在，更不要說明白它的好處了。這就好像人人都明白，種莊稼的時候只有氣候、土壤、水分、養料都達到最佳的平衡狀態，莊稼才能獲得大豐收的道理。可是卻很少有人體味到這其實就有「增一分則多，減一分則少」的「恰到好處」的道理。

如果我們每一個人都能自覺總結並且切身實踐那些存在於我們日常生活中的中庸的道理，做事情時就不會做得過了頭或是做得不夠，自然就會達到「中和」的境界。

第五章——不明中庸之道則難以立身

原文

子曰：「道其不行矣夫。」

《譯文》

孔子說：「中庸之道不能在世間實行了啊。」

【智慧解析】

這一章與上一章意思是相輔相成的，同時也是對上一章所講內容的一個延續，同樣是中國古代偉大的思想家、教育家、哲學家孔子對中庸之道難以實行的感歎之辭。

孔子一生周遊列國，修書教學，目的就是要向世人推廣世間的大道，使人們的思想行為合乎大道，使天下安定、萬物興旺，人民生活幸福，這其中也包括中庸之道。然而，孔子的遊歷弘道卻處處碰壁，他不由得發出了如此的感慨。

《論語・雍也篇》中記載著，子曰：「中庸之為德也，甚至矣乎！民鮮久矣。」意思是，孔子說：「中庸，這種平衡萬物的道德，是最高的了！人們已經是長久地缺乏它了。」對於「中庸」，北宋的程頤有過很好的解釋，他說：「不偏之謂中，不易之謂庸。中者，天下之正道，庸者，天下之定理。」所以，中庸並非是指沒有原則、沒有立場、不分是非、凡事只會胡亂的當做折中調和的和事佬；而是指要避免走極端，待人處事既不過分，也無不及，要不偏不倚，是非分明，該是怎樣就是怎樣。因此，什麼事都偏聽、偏信、偏執、偏愛、偏私、偏激，是不中庸的表現。孔子把「中庸」看作是人們最高的道德標準，感歎很少有人能夠做到它，也正是源於此。

孔子還說過，「不得中行而與之，必也狂狷乎！狂者進取，狷者有所不為也。」（《論語．子路篇》）意思是說，「如果無法與行為合乎中庸的人交往，那一定要與激進耿直的人交往！激進的人知道進取，耿直的人有些事情是不去做的啊。」從這句話中我們也可以看出，孔子心目中的最合格的交往對象是那些行為合乎中庸的人，因為中庸的人善於處理與協調各類事物之間的關係，知道如何承上啟下，知道曲則全的道理，而這樣的行為是合於「道」的。

不過能夠達到中庸的境界的人畢竟不多，不能與這樣的人交往，就要選擇激進的人和耿直的人來交往。這兩類人雖然有缺點，但是激進的人有理想、積極進取，耿直的人潔身自愛，加以節制就可以接近中庸了，也是值得交往的。比起那些胸無大志、不思進取、為非作歹、不擇手段的人不知要好多少倍呢。

《論語．堯曰篇》中還記載著，堯對大舜說：「嘖嘖！你大舜呀！上天所安排的命運落在你的身上了，公允地遵守那中道吧。天下四海困苦貧窮，上天福祿永遠完結。」大舜也是以這番話禪位於大禹的。值得我們體味的是，堯告誡舜要「允執其中」，就是要舜行中庸之道，堅守公平，不偏不倚，無過無不及。看來，中庸之道也是古時聖賢們總結出來的管理的重要法則，而這也是我們俗話說的「對人對事要一碗水端平」的真意所在。

孔子要告訴普天之下的人們，行為應當合乎中庸之道，在這方面古時的先賢們確實也給我們做出了榜樣。

正如孔子所認為的那樣，能夠把中庸的哲理上升為哲學思想的人確實為數不多，能夠真正認識到「中庸」二字重要性並且以它作為自己的行為準則的人也為數不多，然而我們這些普通人卻總會在生活中於不經意之間運用中庸的原則。所以，並不是說孔聖人認為「道其不行矣夫」，我們就乾脆不去體會中庸之道了。相反，我們應該把生活中的那些因為不經意之間運用中庸的原則從而取得成功的經驗好好地總結一番，並且把它昇華為我們為人處世的原則。

曾經有這樣一事例可以幫助我們理解在生活中的無意間的「中庸」。有一個公司宣布了裁員名單，小王的名字赫然在其中，他有兩個月的時間另尋出路，這種事情攤在誰的身上都會十分難受，小王心裏自然很不舒服。從名單宣布的第二天開始，小王就變得情緒十分激動，好像裝了一肚子火藥一樣，看什麼都不順眼，隨時隨地都會爆發。想到自己幾年來的辛苦工作居然換來了「被裁」的結局，他的心裏不能平衡，也無法從思想上想通。於是，他先去找同事訴苦，後來又去找主任訴冤，不久又託人到經理那裏說情，根本沒有心思做手頭的工作了。然而，他的這些「努力」似乎都沒有奏效，這次公司裁員的決心十分堅決。折騰了將近一個月，小王感到筋疲力竭，他想既然事情不會有轉機了，乾脆就死心吧。他一邊開始著手尋找新的工作，一邊決定把自己應做的工作繼續做好。於是，小王心裏漸漸平靜了，就像根本沒有裁員這檔事一樣，照樣努力工作著。兩個月很快就過去了，奇蹟發生了：主任向小王宣布，公司認為他是一個合格的員工，希望他留下來繼續工作。

小王面對裁員的打擊，行為從不理智變為理智，其實就是從「過分」到「恰到好處」的轉變，結果「化險為夷」。引申來說，我們在生活中遇到某種打擊或壓力時，自暴自棄和一跳而起是我們所採持態度的兩個極端，中庸之道告訴我們要「執兩用中」，那麼中間狀態是什麼呢？簡言之，就是放棄這兩種極端的態度，通過理智的分析，做應當做之事。因此，孔子所希望的理想社會也許很難達到，然而實踐之中的中庸之道卻並非高不可及，只要我們認真體會並加以總結，在行動中刻意運用，就一定會獲得好的收穫。

第六章——大智慧者執兩用中

原文

子曰：「舜其大知也與！舜好問以好察邇言。隱惡而揚善。執其兩端，用其中於民。其斯以爲舜乎！」

《譯文》

孔子說：「大舜眞可以說是具有大智慧的人了啊！他喜歡向人請教問題，並且喜歡分析審察淺近的話語的含義。包容別人的惡言，宣揚別人的善言，審察並掌握了別人認識上的兩個極端，採納適中的去引導百姓。這就是大舜之所以成爲舜帝的原因吧！」

【智慧解析】

這一章告訴我們有大智慧的人是怎樣以中庸之道行事的。堯、舜、禹、文王、武王、周公是儒家十分推崇的古代聖賢，他們既是領袖人物，也是道德人倫的典範，他們的許多行為確實值得後世之人效法。在前面，我們已經提到了《論語》中所記載的，堯向舜禪讓帝位時告誡舜的話，說明堯希望大舜做到「允執其中」。這一章孔子具體告訴我們舜是怎樣在為人處世的時候以中庸的大智慧行事的。

孔子認為，舜是一個大智慧者。天下的事理是沒有窮盡的，人的知識與能力總是有限的，一個人即便是再聰明，也總有不知道的事理，因此不能不虛心，即使在某個方面懂得的比其他人多一些，也不值得炫耀。舜可以說是天分過人，可是他十分謙虛，廣泛地向他的臣民徵詢意見。就算是聽來的話很淺顯，他也要仔細想一想，力圖從中發現有益於自己的東西。如果聽到的話不合情理，甚至是惡言，他雖然不會採用，但也不會去宣揚，以免對對方不利。哪怕聽來的話只有一點可取之處，他也替對方宣揚，使人們都從中受益。總結起來，舜總是仔細審度各方面的言論，去除過頭的和不及的說法，採用中間的正道，這是最合乎尺度的，也得到了全天下人的智慧。這就是行中庸之道的妙處。

關於舜為人處世「隱惡而揚善」的美德，有這樣的傳說。據說舜的母親早年去世，他的父親瞽叟是個糊里糊塗的人，為舜娶了一個繼母，這個繼母生了一個兒子名叫象。繼母心地偏狹，弟弟象又傲慢蠻橫，舜在家中的處境自是可想而知。然而，舜卻始終能做到體恤父親，原諒繼母，寬容弟弟，即使生活十分辛勞也毫無怨言。不過，舜的寬廣胸懷並沒有得到家人的感動，繼母和弟弟想方設法加害於他。起先，象與繼母企圖燒死他，舜卻在險境中機智逃生；後來，象又企圖在舜打井的時候用石塊砸死他，這一難又被舜逃過了。正當象高興地對繼母說「舜被我用石塊砸死了」的時候，舜推門而入，若無其事地拜見父母，然後對象說：「弟弟，我還有很多事情要做，以後麻煩你多多幫忙料理家事吧。」象聽了這句話幡然悔悟，從此舜的一家人變得和和睦睦了。

舜治理天下沒有什麼別的，只是把握住了中庸的道理，順乎萬事萬物的自然規律。在老子所著的《道德經》一書中寫道：「太上，不知有之；其次，親之譽之；其次畏之，其次侮之。信不足焉，有不信焉。猶兮其貴言，功成事遂，百姓皆謂『我自然』。」解釋出來就是：最好的領導者，下面的人們感覺不到他的存在；次一等的領導者，人們親近、讚美他；再次一等的領導者，人們畏懼他；最差的領導者，人們輕視、侮辱他。領導者的誠信不足，下面的人們自然不相信他。領導者謹慎並且珍重自己的言語而不輕易發號施令，事情自然圓滿而成功，而所有的人都說：「我們本來就是這樣的」。

這段話告訴我們，老子把領導者分為四個等級，最上等的是「太上」，他們不去人為地搞亂人民的生活秩序，任憑人們日出而作，日落而息，順乎自然界春生夏長秋收冬藏的法則，一切根據自然規律去做，不把人的意志強加給大自然，也不把自己的意識強加在人民頭上，讓人民自由自在地生活，以致人民根本感覺不到他們的上邊還有個什麼首領。大舜就是這樣的領導者。

我們試想，正是由於大舜能做到包容別人的惡言，宣揚別人的善言，審察並掌握別人認識上的兩個極端，採納適中的去引導百姓，百姓自然就會分不出哪個聰明，哪個愚笨，就少了許多無謂的紛爭，當然也沒有過或不及的事情了。他做事時把握了兩端，用的是中間，也就是看到了事物的正反兩面，自然就能做到不偏不倚。

「執其兩端」也是很好的認識事物的方法，我們在日常生活中常常會遇到我們所不了解的事物，對於陌生的事物，如果我們試著從它的正反兩方面入手研究它，就可避免產生片面的認識，找到事物的本來面目就變得比較容易了。孔子曾經說：「吾有知乎哉？無知也。有鄙夫問於我，空空如也。我叩其兩端而竭焉。」意思是說，「我有知識嗎？沒有知識。有個鄉下人問我，我空空然什麼都不知道。我考察問題的兩端然後盡量告訴他。」孔子當然並不是生而知之，更不認為自己無所不知、無所不通，就像古希臘偉大的哲學家蘇格拉底那樣，認為自己「只知道一件事，那就是我什麼也不知道」。他所掌握的，是人生的智慧與解決問題的能力與方法。對於鄉下人的問題，孔子雖然一無所知，但是通過「叩其兩端」的方法還是找到了答案。對於我們而言，掌握了中庸這種解決問題的能力，才能在工作與生活中立於不敗之地，才能成為真正的成功人士和自己命運的主宰者！

第七章——自命不凡者未必真聰明

原文

子曰：「人皆曰：『予知』，驅而納諸罟擭陷阱之中，而莫之知辟也。人皆曰：『予知』，擇乎中庸，而不能期月守也。」

《譯文》

孔子說：「人人都說自己是聰明的，被驅趕到羅網陷阱中，卻不知躲避。人人都說自己是聰明的，可是即使選擇了中庸之道，卻連一個月的時間也不能堅持下去。」

【智慧解析】

古希臘偉大的哲學家蘇格拉底曾經說過這樣一句發人深省的話——「我只知道一件事，那就是我什麼也不知道」。這種自謙的說法提醒了每一個自以為聰明的人，告誡人們學無止境，不要自作聰明。

遺憾的是，「自作聰明」似乎已經成為人們的通病，人們總是盲目地認為自己了不起，很偉大，自認為明瞭一切事物的高深義理，然而卻對中庸之道半天也堅持不了。自作聰明者做事常常缺乏正確的判斷，好走極端，自以為是，我行我素，不知道什麼當做、什麼不當做，也不知道事情做到什麼程度就是恰到好處，更不知道適可而止的道理，甚至要與大自然與社會發展規律抗衡，結果卻常常是一敗塗地。他們為人做事不合中庸之道，因為自以為聰明，往往自投羅網、吃虧上當了自己卻還不知道。就像人們常說的「淹死的都是會游泳的」那樣，因為自己會游泳，就以為自己水性好得不得了，無論多深的池塘都敢下，越是別人不敢嘗試的招式越敢表演，不知道謙虛謹慎，不懂得不可則止、適可而止的道理，最後只能自食惡果。

俗話說「人貴有自知之明」，知人難，知己就更難了，因為人們都有虛榮心，就算知道自己的缺點也不願意承認和面對，所以很難給自己一個正確的評價。更可怕的是，那些沒有自知之明的人偏偏認為自己要比一般人聰明，只看到自己的優點，卻不知道自己的缺點是什麼，因此總是一副高人一等、目空一切、自我感覺良好的樣子。他們絕不會承認自己沒有自知之明，由於他們沒有擺正自己的位置，所以他們看問題總是片面的，甚至是本末倒置的。總是自以為是地耍一些小聰明，給自己和他人錯誤的引導，帶來不必要的麻煩和傷害。

其實，「假聰明」與「真糊塗」兩者間只有一步之遙。有「假聰明」毛病的人，好像天底下只有他最精明，別人都是些傻瓜，無論大事小事，都要「謀算」，玩弄心機權術。結果，到頭來機關算盡，聰明反被聰明誤。還有一類人，總在雞毛蒜皮的小事上「聰明」，什麼東家長李家短，說起話來頭頭是道，可是一遇大事就不知所措，不知如何是好，自然不可能把事情處理得恰當。其結果正如清末名臣左宗棠所言，「凡小事精明，必誤大事」，而這樣的人和事卻屢見不鮮。

據說，有一個人去酒吧喝酒，酒喝到一半，突然覺得內急，想上洗手間但是又怕酒被別人喝掉，於是想出了一個「聰明」的辦法來。他向服務生借了筆和紙，在紙上寫了一句「我已在杯裏吐了一口痰」，用酒杯壓住那張紙，然後就放心地去洗手間了。過了一會兒他回來了，發現酒還在那裏，很高興，但同時他還發現紙條上多了一行字：「我也吐了一口」。其實，如果這個人去洗手間之前和服務生打個招呼，然後大大方方地離去，根本不會發生適得其反的事情。這就是典型的自作聰明，進入陷阱卻不自知的事例。又如，有個拳擊手去小河裏游泳，脫了衣服放在岸上後，又怕有人偷走，於是寫了一張紙條放在衣服上，紙條是這樣寫的「這些衣服的主人是一個拳擊手，他曾奪得多次拳擊賽的冠軍，所以請不要動這些衣服」，然後放心地去游泳了。但是，當他游泳回來後，卻發現自己的衣服沒有了，而自己留的字條上多了兩行字：「拿走衣服的是一個短跑健將，如果你能追上我，衣服就還給你。」這樣自作聰明的事例是舉不勝舉的，可能在我們身邊就發生過很多，只希望我們不要做這樣「聰明」的傻子！

遇到陷阱而不知躲避，這和中庸之道盡善盡美卻不去運用它是一樣的愚笨。早在兩千多年前，孔子就為我們提供了許多合乎中庸之道的做事方法。有一次，學生子貢向孔子請教怎樣與朋友交往，孔子告訴他說：「忠告而善道之，不可則止，毋自辱焉。」意思是說，與朋友交往時要忠心勸告並且善意地引導他，但是如果朋友不聽從的話就算了，不要自取羞辱。和朋友交往時，因為在某些問題上比朋友明智，比朋友看得長遠，比朋友聰明，就真誠善意地提醒朋友，這是應該做的，否則眼看著朋友出問題卻不提醒，就沒有真正的友誼可言。但是，在朋友不願意聽從的情況下，強迫人家聽從，甚至要替人家做主，這就做過了頭。俗話說「人各有志，不可強求」，每個人都有自己的生存理念與自我選擇的權利，都有自尊心。因此即使是對別人的善意規勸也要有個限度，以免產生不好的後果，反而使朋友之間產生間隙，不如等朋友自然而然地醒悟。這裏孔子強調的「不可則止」，就是一種中庸的處世原則。

此外，中庸之道還告訴我們「可則止」的道理。還是以勸告朋友的事例來說，如果朋友聽從了勸告並且有所醒悟，我們就要見好就收，不要再喋喋不休地講大道理，或者乾脆要插手人家的私事，處處要顯示出自己比朋友聰明多了，就又做得過頭了。孔子的學生子游曾經說過，「朋友數，斯疏矣」，意思是說與朋友相交過密，反而會疏遠。西方也有諺語說，「好籬笆造就好鄰居」，「親密易生狎蔑」，意思也是說與人交往時要注意保持限度，要給彼此獨立的私人空間，這就表現了為人處世的中庸原則。

還有另外一類人，雖然知道中庸之道的妙處，也知道應該選擇中庸之道作為立身處世的原則，但卻無法堅持下去。究其原因，一部分人大概是因為自身貪欲太大的緣故吧。好勝心強，想得到的東西多，結果在不知不覺間放棄了適可而止、恰到好處的初衷，背離了中庸之道；另一部分人則也許是行「中庸」過了頭，結果什麼事都不敢放手去做了，彷佛一做就會過了頭，把適可而止、恰到好處變成了凡事差不多即可、要求不高，甚至放棄了應當堅持的原則，變成了真正的「折中主義」，反而做事情不努力，連一般的標準也達不到，這樣做成全了人的惰性，就成了「不及」，也是背離了中庸之道的真諦。

第八章——中庸之道服膺弗失

原文

子曰，「回之爲人也：擇乎中庸，得一善，則拳拳服膺，而弗失之矣。」

《譯文》

孔子說：「顏回的爲人處世，選擇了中庸之道，得到了它的一個好處，就會牢牢記在心中，再也不會失去它。」

【智慧解析】

這一章所記錄的孔子的話，是針對前一章所說的那些「擇乎中庸，而不能期月守」的人而言的。顏回是孔子的得意門生，他時常被孔子向學生推薦為學習的榜樣。孔門弟子七十二賢中，首屈一指者當為顏回。孔子認為顏回是一個有大智慧的人，因為他不顯山露水，不賣弄聰明，表面上看起來有些愚笨，其實卻很聰明。孔子曾經說：「吾與回言終日，不違，如愚。退而省其私，亦足以發，回也不愚。」說的是，孔子整天向顏回講學，顏回卻從來沒有發表過不同意見，好像一個愚笨的人一樣。可是顏回回去後孔子再省察他私下的言行，卻發現他可以發揮。可見顏回並不是真的愚笨，而是善於思考體悟，在事情沒有考慮清楚之前，並不急於發表個人看法。

顏回的做法恰恰表現了中庸之道的真意，試想一聽到老師或者其他人所說的話，未經思考就立即發表自己的看法，那麼這個看法不是不到位的，就是有所偏頗，一定不是恰到好處的。

顏回對於一個觀點，總是先體會，然後再付諸實踐，並且一旦體會到實踐後的好處，就堅定不移地遵循這個原則行事。對於中庸之道也是如此，「拳拳服膺，而弗失之矣」，這就是顏回沒有背棄中庸之道的原因。選擇中庸之道是智者的行為，選擇之後就身體力行，並且十分珍視，長期堅持，不是三分鐘熱度，這就是顏回的過人之處。所以，連他的老師孔子都禁不住對他大加讚揚。

還有一次，孔子要顏回和季路分別說一說自己的志向。季路說：「願意把我的車輛馬匹衣服和朋友共同使用，用壞了也沒有什麼遺憾。」而顏回則說：「願意不去誇耀自己的好處，不去表白自己的功勞。」自己有好處、有功勞，自己不要去自我表白，人們自有公論，這才是恰到好處的表現。有一點功勞就急於表白，就會給人以過分之感，會遭人厭棄。

顏回還有一個大優點曾經被老師孔子多次提到，那就是「不貳過」，也就是同樣的錯誤不會犯第二次。這也是他能夠堅持以中庸之道為人處世的原因，因為他一旦認定什麼是正確的做事原則，就會堅定不移地堅持下去。對比來看，大多數世人對中庸的原則無法堅持的原因就很明顯了。

舉一個學習外語的例子來說，人們學習語言的能力基本上相差不大，可是為什麼有的人學習效果好，有的人學習效果差呢？有人對此分析說，學習外語有許多種方法，有的人了解了一種學習方法，在實踐中運用後覺得有效果，就堅持沿著這條路走下去了，即使其間遇到了學習效果的停滯期，也不會輕易放棄另闢蹊徑，結果學有所成。而另外一些人，聽說這個學習方法不錯，立即試一試，過了幾天又聽說那個學習方法也不錯，立刻丟了手中的方法，試用新的方法，什麼背誦法、聯想法……五花八門通通試過，結果還是一無所成。

其實，做任何事情都貴在堅持，難在恆心永在。一個人立志容易，然而為了實現志向而堅持不懈地做就不容易了。《尚書．旅獒》中說，「為山九仞，功虧一簣」，是說堆九仞高的土山，只差一筐土而不能完成，因而前功盡棄。相反，雖然起點低，比如剛剛倒下一筐土，但是只要堅持不懈，積少成多，也能成功。曾國藩也曾經說過：「人初做事，如雞伏卵，不捨而生氣漸充；如燕營巢，不息而結構漸牢；如滋培之木，不見其長，有時而大；如有本之泉，不捨晝夜，盈科而後進放乎四海。」可見，做事情真正起決定作用的，還是這個人自身的堅持與努力。

對於中庸之道的堅持也是這樣，只有在為人行事時時刻記得以「中庸」這把尺衡量一下，才能遵循這一原則走下去，否則稍有鬆懈就會被貪欲或者惰性打敗。

第九章——白刃可蹈，中庸難得

原文

子曰，「天下國家，可均也；爵祿，可辭也；白刃，可蹈也；中庸不可能也。」

《譯文》

孔子說：「天下國家是可以治理公正的，官爵俸祿是可以放棄的，雪白的刀刃是可以踩踏過去的，但中庸之道卻是很難做到的。」

【智慧解析】

所謂中庸之道，就是做事時要依事情的規律而為，順乎事物的自然秉性而為，既不可過分，也不可不及。既然自然規律是實實在在的客觀存在，那麼遵循它來行事就應該是自然而然的行為，不應該是什麼難事。然而，孔子卻多次感慨中庸之道行之不易，甚至認為和行中庸之道相比，把天下國家治理得公平、放棄誘人的官爵俸祿、從雪白的刀刃上踩踏過去這些事情，都容易得多。看來，中庸之道確實十分難行！

把天下國家治理公正需要有大智慧，放棄誘人的官爵俸祿需要有大仁義，從雪白的刀刃上踩踏過去需要有大勇氣，把大智慧、大仁義、大勇氣發揮到極致已是十分不易。有大智慧而平治天下者，有堯、舜、大禹、商湯、周文王、周武王、管仲等等；有大仁義而抱義辭官者，有伯夷、叔齊、虞仲、夷逸、朱張、柳下惠、少連、陶淵明等等；有大勇氣而為維護正義犧牲生命的仁人志士更是不勝枚舉，他們被永遠地載入史冊之中。為什麼能夠做到這些常人所不能夠做到的事情，卻還不一定能遵行中庸之道呢？

對於這個問題，我們可以這樣理解。一個人有大智慧也好，有大仁義也好，有大勇氣也罷，說明這個人的頭腦中還有智慧與愚笨、仁義與不仁不義、有勇氣與怯弱的這些概念，也就是有善惡、美醜、正邪、高低、貴賤等等的概念。頭腦中有了這些相對立的概念，就好像有了佛教中所說的「分別心」，那麼思考問題和做事情時就難免會為這些概念所左右，戴上有色眼鏡，產生偏見，向這邊靠靠或向那邊靠靠，就不可能做到「執兩用中」，因此也就不可能做到永遠正確。

然而，中庸之道已經超越了這些相對立的概念，這些概念對於行中庸之道的人來說沒有本質的差別，他們已經達到了如同道家所說的「返樸歸真」自然無為的境界，跳出了只關注事物表面現象的階段，做事情只是依據事情的本質去做，只是按照「自然無為」的狀態工作，就如老子在《道德經》中所言：「人法地，地法天，天法道，道法自然。」也就是說，人效法地，地效法天，天效法道，道效法自然，這樣處理起任何事情都是遊刃有餘的。

有這樣一則故事，說有一隻美麗的海鳥，飛到戰國時期魯國京城的郊外，停在一棵樹上。京城的人誰也沒見過這種鳥，都以為是一種吉祥鳥。魯國國王看到了，也高興得不得了。心想：「飛來了神鳥，這可是個好預兆，看來要有大富大貴降到我的頭上。」他就叫人把那鳥逮住了。怎麼餵養呢？魯王又想：「神鳥可不能像一般的鳥那樣，關在籠子裏養著。我一定要讓它的生活跟我的一樣。否則，讓神鳥怪罪下來可不得了。」

於是，好心的魯王就吩咐僕人，把那隻鳥供養在廟堂裏。每天叫人吹樂打鼓給它聽，獻出最好的美酒請它喝；殺豬宰羊，把最肥最鮮的肉獻給它吃。對鳥照顧得夠好了，可是那隻鳥卻一點兒也不領魯王的情，嚇得驚慌失措，在廟堂的頂棚上，一會兒害怕得飛來飛去，一會兒恐懼地躲藏起來。什麼美酒啊，肥肉啊，音樂啊，它根本不知道那是魯王專門獻給它的。一天，兩天，海鳥不吃也不喝。到第三天，那隻海鳥就死了。

這則故事告訴我們，外表再美麗的鳥，它的本質仍然是鳥，而中庸的境界如同老子所說的無為而治一般，不會違背事物的本來面貌和自身規律。有大智慧的人，在治理天下與國家的時候，會有意識地施與百姓仁愛，對百姓強加管制，對百姓的行為加以干涉……這些手段都能夠把天下國家治理得公正安定，做到所有這些對於有智慧的人而言，絕非難事。然而，如果要這個人對百姓既不強施仁愛，也不橫加干涉，在珍惜百姓的同時，給予他們相應的自由，教導他們按照正確的自然規律和自身的意識去生活和發展，他卻不一定能做到。而這樣做才符合中庸之道，才是不會破壞大自然的無為之道，百姓也同樣會安貧樂道，天下也自然太平和樂。這便是「中庸不可能也」。

面對高爵厚祿，為了道義而毫不動心，不會為了得到利益而出賣人格，這是有大仁義的人容易做到的；然而如果要這個人在處於某個官位時做到「執兩用中」，工作起來恰到好處，他就不一定能做得到了。就更不要提那些因為一時耍小聰明或一時激憤而遭到懲罰或是丟官棄爵的人了。這就是人們常說的「沒有什麼比放棄更容易的事」。這也是

「中庸不可能也」。

同樣的，為了達到目的而赴湯蹈火、白刃可蹈，置生死於度外，絕不貪生怕死，是有大勇氣的人容易做到的；然而，要他做到順其自然、適可而止，不恣意妄為或一意孤行，卻可能是難上加難。這又是「中庸不可能也」。

總之，人是有欲望追求的群體，通過對人世的觀察孔子總結出，明知不可為而為之的事情，在具備了常人所不具備的大智慧、大仁義、大勇氣的條件下，確實有可能成功，因此對於萬物之靈的人來說，也就不是什麼最難的事情了。然而，中庸之道所倡導的恰到好處、適可而止，卻需要人們剔除本性中貪婪、自私的因素，時時注意修身養性，使自己具備仁、義、禮、智、信等品德，更要有永不放棄的勇氣與毅力，才可能做得到，所以才是最難為的！

第十章——何為真正的強

原文

子路問強。子曰，「南方之強與，北方之強與，抑而強與？寬柔以教，不報無道，南方之強也。君子居之。衽金革，死而不厭，北方之強也。而強者居之。故君子和而不流；強哉矯。中立而不倚；強哉矯。國有道，不變塞焉；強哉矯。國無道，至死不變；強哉矯。」

《譯文》

子路詢問什麼才是剛強。孔子說：「你問的是南方的剛強呢？還是北方的剛強呢？還是你認爲的剛強呢？用寬容柔和的態度去教育人，對於人家的蠻橫無理也不加以報復，這是南方的剛強，品德高尚的君子具有這樣的剛強。枕著兵器、穿著盔甲睡覺，死了也不後悔，這是北方的剛強，強悍勇武的人具有這樣的剛強。所以品德高尚的君子與人協調但不隨波逐流，這才是剛強啊！保持中立而不偏不倚，這才是剛強啊！國家政治清明時，不改變志向，這才是剛強啊！國家政治黑暗時，到死也不改變志向，這才是剛強啊！」

【智慧解析】

在孔子的學生當中，子路好勇、行善，以勇猛著稱，所以他向孔子請教什麼是剛強。孔子回答他說，所謂的剛強有三種。第一種是以寬容柔和的態度去教育人，對於人家的蠻橫無理也不加以報復。因為這種剛強恪守中正，保持著不偏不倚的態度，所以是品德高尚的君子所具有的剛強。第二種剛強，我們可以把它理解為強悍，就像北方人那樣，枕著兵器、穿著盔甲睡覺，死了也不後悔，這是強悍勇武的人所具的剛強。還有一種就是子路自己的剛強。

這三種剛強，前一種柔中有剛，行動時表現的平靜柔順，正如南方人雖然力不如人，但卻玲瓏輕捷，行為恰到好處，自己的意志卻始終保持中立，這種和而不流的態度，恰恰表現出了中庸之道，無過無不及，反而是堅強的表現。就像老子所說的知雄守雌、知白守黑、知榮守辱，從字面上解釋就是知道剛健而擁有柔順；知道明亮而擁有黑暗；知道榮耀而擁有屈辱。以合乎自然的手段，達到了剛強的目的。

同時，這種剛強也並非為了堅持自己的原則和立場，而對他人「以牙還牙，以眼還眼」。他強調的是自然而然地感化他人，也就是化人於無形之中。做任何事都要適度，不會因為正義掌握在自己的手中，就睚眥必報或是置對方於死地而後快。

這就如一個故事所說，一對夫婦帶著心愛的兒子去義大利旅遊，沒想到途中遭到了劫匪的襲擊，他們的兒子死在了劫匪的槍口之下。這個突如其來的打擊使夫婦二人陷入了極度悲痛之中。可是，就在兒子死去幾個小時之後，父親做出了這樣的決定：兒子的心臟移植給一個患先天性心臟病的孩子；一對腎臟分別捐獻給兩個腎病患者；眼角膜捐獻給兩個有失明危險的義大利人；而兒子的胰腺可以被提取出來用於治療糖尿病。就這樣，死去的兒子幫助了五個義大利人。這件事情令全體義大利人深感震撼與羞愧。

這對夫妻是堅持人道主義與尊重生命這一人生理念的，在心愛的兒子被害後，他們以柔順平靜、自然的態度表現出他們的人生理念，這種柔順並非懦弱的退讓，而是以平靜的心態不去做任何違背自己理念的事情，這是何等寓剛強於柔順之中，是何等的恰到好處、不偏不倚，反而帶給他人最大的心靈震撼。

那些真正長於教化人們的人，對人對事態度總是十分隨和，正如老子所言的「上善若水」。那麼，水有怎樣的特點呢？老子說，「水善利萬物，而不爭；處眾人之所惡，故幾於道。居善地，心善淵，與善仁，言善信，政善治，事善能，動善時。夫唯不爭，故無尤」。說的是，水有利於萬物，卻不和萬物相爭，處在眾人都厭惡的低下的地方，所以最接近於「道」。居住在像水一樣順應自然的地方，心胸像深淵一樣順應自然地保持平靜，待人真誠仁義，說話像水一樣堵止開流，善於遵守信用，理政治國像水一樣，善於淨化污穢，處事像水一樣，隨物成形善於發揮才能，行動像水一樣涸溢隨時，自然順應天時。正是因為不與人爭，所以不會招至怨恨。水有隨物成形、不偏不倚、不分不別的境界，所以能以柔克剛，正是中庸之道那種自然而然、恰到好處、無過無不及的狀態的表現。

第二種剛強，更側重於體力方面的強大，是一種寧死不屈、一往無前的力量。北方人的生存環境多為荒蕪之地、窮山惡水，他們要想生存，就要與這樣的自然環境抗爭，所以體力的剛強在強悍的北方人的身上表現得比較明顯。他們也因此而善於縱橫疆場，敢於英勇赴死。然而，強悍勇武的剛強並不能解決所有的問題，也不能使人永遠立於不敗之地。真正的君子所推崇的剛強是心理的剛強。心理的剛強看似柔弱，卻有破壁透堅、摧枯拉朽的力量，這種發自內心的剛強，可以使人始終保持中立、不偏不倚，永遠立於不敗之地。這就像漢代的良相張良，手無縛雞之力，卻能幫助劉家安定天下。而項羽雖然勇力過人，「力拔山兮，氣蓋世」，結果卻讓自己的江山易姓他人。明代劉伯溫所著的《鬱離子》中記錄了這樣一個故事：在晉鄭之間的地方，有一個性情十分「剛強」的人，他射箭時如果射不中靶心，就把靶子的中心搗碎；下圍棋輸了，就把棋子咬碎。人們都勸他認真想一想到底問題出在哪裏，他聽不進去，最後因為這樣的剛強而暴病身亡。看來，真正的「強」確實不一定要表現在外表上。正如蘇軾在《留侯論》中所說：「古之所謂豪傑之士，必有過人之節，人情有所不能忍者。匹夫見辱，拔劍而起，挺身而鬥，此不足為勇也。天下有大勇者，卒然臨之而不驚，無故加之而不怒，此其所挾持者甚大，而其志甚遠也……」

心理的剛強還表現為堅持自己的信念不動搖，寧死不改變志向和操守。國家政治清明時，不改變志向，國家政治黑暗時，到死也不改變志向，這才是真正剛強啊！孔子曾經說，「國家政治清明，言語正直行為正直；國家政治昏暗，行為正直而言語謹慎」。君子可以做到在政治黑暗時言語謹慎、不怒不怨，但絕不會在榮華富貴前面骨軟筋麻，改變自己的志向。知人者智，自知者明。老子說「勝人者有力，自勝者強」。所以說，能戰勝自己的人，才真正剛強。

孔子說的第三種剛強，是子路自認的「強」，其實就是「勇」。子路向來以勇自負，有一次孔子說：「我的主張行不通，便坐著木筏子到海上去。跟隨我的人，恐怕只有子路了吧？」子路聽了十分高興。於是孔子又說：「子路這個人喜好勇敢超過了我，這沒什麼可取的啊。」子路的「勇」過了頭，變成了缺乏理智的魯莽，孔子並不欣賞子路的這種剛強。

孔子告誡過子路：「赤手空拳和老虎搏鬥，不用船隻去渡河，這樣死了都不後悔的人，我不會與他共事。一定要面臨事情驚懼而謹慎，善於謀劃完成的人才行」，孔子還估計到「若由也，不得其死然」。遺憾的是，子路並沒有聽從孔子的告誡，始終性情魯莽、勇武好鬥，事實真的被孔子言中了，子路在衛國的內亂中被殺身亡。

人過於剛強了，就容易夭折，這正如老子在《道德經》一書中告誡我們的：「強大處下，柔弱處上」。

第十一章——遵道而行，依乎中庸

原文

子曰，「素隱行怪，後世有述焉：吾弗為之矣。君子遵道而行，半途而廢：吾弗能已矣。君子依乎中庸。遁世不見知而不悔：唯聖者能之。」

《譯文》

孔子說：「探求隱僻的道理做荒誕怪異的事情，我是不會這樣做的。有些有品德的君子按照中庸之道去行事，卻半途而廢，而我是絕不會停止的。眞正的君子遵循中庸之道行事，即使避世隱居不被人知道也不後悔，只有聖人才能做得到。」

【智慧解析】

中庸之道是至德，理解它的人少，理解它並且能把它當作行為規範和行動指南的人自然是少之又少。孔子認為只有「聖人」才可以真正做到「中庸」二字。正是因為中庸的道理不是大多數人能夠理解的道理，中庸的行為不是大多數人能夠做到的行為，所以這極少數人認可的道理和行為，在我們絕大多數普通人眼中就顯得十分「異類」，甚至將其視為大千世界中無奇不有的「隱僻的道理」和「荒誕怪異的事情」。

在我們生活的這個五光十色、多姿多彩的世界中，每一個人都奉行著自己的生存理念，有自己的行為方式。在我們的眼中，自己的生存理念與行為方式總是正確的，而那些與自己有著不同的生存理念與行為方式的人則顯得行為荒誕、好出鋒頭、好走極端等等。特別是那些思想深邃、眼光獨到、智慧超過常人的人，更容易被我們視為「怪人」。

這就好像我們的眼睛看到一個物體是紅色、黃色或是其他顏色的，只是因為我們的視網膜可以接受那種波長的光線而已，至於這個物體是不是還能表現出其他顏色來，我們就不得而知了，因為我們的眼睛接受不了其他波長的光線。我們的智慧也是一樣，我們的理解能力是有局限性的，就好像我們的眼睛只能接受一定波長範圍的光線那樣，超出我們理解能力的事情，我們就難以理解和接受，這也是我們常常難以進步的原因。而那些真正思想超前，或者是洞悉了人世間深刻哲理的人則彷彿「世人皆醉我獨醒一般」的孤獨。

如今我們都已經知道地球並非宇宙的中心，然而在中世紀時的歐洲，人們都相信地球是宇宙的中心。波蘭天文學家哥白尼經過長期的天文觀測和研究，否定了地心說，創立了更為科學的宇宙結構體系——日心說，這是天文學上一次偉大的革命。義大利天文學家布魯諾是哥白尼「日心說」的忠實宣傳者，由於布魯諾廣泛宣傳先進的哲學思想，引起了羅馬宗教裁判所的恐懼和仇恨，最終被以「異端」的名義處以火刑。古今中外，像這樣的先知先行者由於不為世人所理解而蒙冤受難的事例還有很多。

但是，孔子告訴我們，探求隱僻的道理、做荒誕怪異的事情，他是不會這樣做的。那麼言外之意就是，中庸的道理和行中庸之道絕不是什麼隱僻荒誕的事情，也不是用作欺世盜名的，而是真正的君子才能做到的事情。

原因就是，世間的各種正理，本來都是易於讓人了解，易於叫人實行的。可是如果過度鑽研，或者被過分地追求以用來誇耀，那就會漸漸鑽入牛角尖了。這樣做的人，他的目的通常是欺騙世人而盜取名利。雖然這樣可能迅速為他們帶來名利，但是卻違背了中正的大道，絕非君子所為。

行為荒誕、好出鋒頭、好走極端、欺世盜名、譁眾取寵、大膽妄為……這些行為都與對自然、人生奧秘的探索以及對真理的追求毫不相干。在這一點上，最好的例證就是上個世紀八〇年代「水變油」的謊言。當時那個把水變成油的「高科技」，就是用來欺騙世人，盜取錢財的。這種「探索」行為真正的君子所不齒，正如《論語》中記載的那樣：「子不語怪，力，亂，神。」孔子不談怪異、勇力、悖亂、鬼神，他十分注重現實人生，專注於對「大道」的探索與追求。

中庸的道理，雖然本來也是易懂易行的，可是卻要求我們有毅力，要以一以貫之的恆心來實行它。那些恆心不夠，虎頭蛇尾的人，是獲得不了中庸正道的好處的。俗話說「行百里者半九十」，意思是說很多人在距離成功最近的地方選擇了放棄。有些有品德的君子認識到中庸之道是重要的人生哲理，並且願意遵循中庸之道為人處世，然而卻半途而廢，這是十分令人遺憾的事情。我們這些普通人做事時有一些通病，比如惰性十足、急功近利、受不得半點打擊等等，這些壞習慣使我們做事常常前功盡棄。正如孔子說過，「就好比是堆土成山，只要再加一筐便成山了，如果停止，是我停止啊。又好比是整平土地，雖然剛剛倒下一筐土，前進，是我進步啊。」

孔子和他十分喜愛的學生顏回就不是這樣，一旦他們找到了人生的大道，就會堅定不移地沿著這條路走下去。就像佛家所說的看透世事一般，絲毫不為外物所左右。遵循中庸之道行事，即使和其他真理的先知先行者一樣不被世人所理解，甚至被迫避世隱居，也不會後悔。因為心存中庸的智慧，所以深知是非功過自有世人評說，真是「人不知而不慍，不亦君子乎」！

我們這些芸芸眾生之中的普通人，自然是不敢與君子、聖人相提並論，然而無論是行中庸之道也好，或者是做其他事情也好，「堅持」二字都是獲得成功的必要條件。做到「堅持」二字，即使是行中庸之道這樣的難事，也會獲得成功。少了「堅持」二字，就算是日常小事也難以做成。我們常說，一個人最難戰勝的人是他自己。這句話道出了一個事實：一個人成功的最大障礙不是來自於外界，而是他自身。除了力所不能及的事情之外，大多數失敗都是由於我們選擇了放棄而造成的。成功貴在堅持，貴在有堅持不懈的信心和毅力，貴在能夠具有「遁世不見知而不悔」的韌性。當然，真正以中庸的正道行事，是不可能真的不為人知的，因為他將是一個真正的成功者。

因此有人說，所謂成功者，並不比普通人更有運氣，只是比普通人更具有延續最後五分鐘的毅力。

第十二章——君子之道費而隱

原文

君子之道，費而隱。

夫婦之愚，可以與知焉，及其至也，雖聖人亦有所不知焉。夫婦之不肖，可以能行焉，及其至也，雖聖人亦有所不能焉。天地之大也，人猶有所憾。故君子語大，天下莫能載焉，語小，天下莫能破焉。

詩云：「鳶飛戾天；魚躍於淵。」言其上下察也。

君子之道，造端乎夫婦；及其至也，察乎天地。

《譯文》

君子所遵從的中庸之道，廣大無邊而又精微奧妙不明顯。普通的男男女女儘管愚昧，也可以知道中庸之道，但對於它的最高深的境界，即便是聖人也有弄不清楚的地方。普通的男男女女雖然不賢明，也可以實行中庸之道，但對於它的最高深境界，即便是聖人也有做不到的地方。天地如此的廣大，然而人們仍然有不滿意的地方。所以，君子說到中庸之道的「大」，大到就連天下都載不下；君子說到中庸之道的「小」，小到天下沒有什麼能剖析它。

《詩經》上說：「老鷹飛上天空，魚兒躍入深水。」這是比喻中庸之道上下無所不至。

君子所行的中庸之道，開始於普通的男男女女，但它的最高深境界，卻能達到整個天地。

【智慧解析】

老子的《道德經》一書中講述了「道」是宇宙間所存在的一種無法用語言來描述的大規律，這種規律似乎摸不到、看不見，但卻真實存在且無法被我們改變。中庸之道，如同老子所說的「道」一樣，是最具廣泛性的人生哲理。它在宇宙存在之日起就自然而然地存於世間萬物的生長、活動、變化，以至滅亡之中了，因此它無所不包。大到宇宙的運行變化，小到我們肉眼看不見的事物的變化發展，大到無限，小到無窮。就如同動物餓了要吃，渴了要喝的簡易規律一樣，不按照這個規律行事，就會出問題。

中庸之道雖然廣大，可是本身卻並不明顯。中庸之道是真實存在必然性規律，然而它卻是無言的，無邊無際，孕育了天地萬物，並使天地萬物感受到它的存在和力量。對於如此高深的中庸之道，普通人卻並不一定就注定要望「道」興歎。因為中庸之道不僅涵蓋了聖哲們也難以把握的宏大哲理，也包括了普通男男女女所能理解的日常生活中的生存智慧。從淺近處說，我們這些普通的男男女女，也可以明白其中的道理。比如說，如果問起我們太陽系早期歷史是怎樣的，我們這些普通人一定說不出什麼「一團雲狀的星際氣塵，也就是太陽星雲，由於自身的重力而混亂崩潰，隨後中心不斷升溫並壓縮，熱到可以使灰塵蒸發的程度……」之類的話，但是如果問起我們在晚上看到月亮的周圍有一圈圓暈意味著什麼，我們卻可以說出這是第二天會颳風的徵兆，我們也因此而可以安排好第二天的生活與工作。同時，中庸之道又常常高深得連聖人也把握不好。比如說，天地是最以正道行事的了，可是也不可避免地發生水旱災害。那麼從大的方面說，即使是有道德的人講到中庸之道的高深境界時，也不可能全部精通。所以說，中庸的道理是「語大，天下莫能載焉；語小，天下莫能破焉」。

說得再具體一些，我們人類的活動可以大致分為「知」和「行」兩部分，也就是認識與實踐。認識指導著實踐，實踐產生認識，認識與實踐相統一，就是知行合一。通常來說，沒有正確的認識，就沒有正確的行為實踐。從認識的角度來看，有智慧的君子，因為有自覺主動地探索中庸之道的能力，所以可以認識中庸之道的精髓，並且在行動中表現中庸的智慧；然而，我們普通百姓雖然不具備自覺探索中庸之道的能力，但是由於中庸之道「不可須臾離也，可離非道也」，是在日常生活中無處不在的，所以我們可以在日常實踐中模糊地感受到中庸之道的存在，然後根據這種實踐中得到的關於中庸的經驗，雖然不一定可以上升到哲理的高度，來指導我們的生活與工作。因此，中庸這一大智慧，連我們這些普通人都可以知道，可以學習，可以實踐。小至日常吃喝灑掃之中有中庸智慧的表現，大至天理人倫也要遵循中庸之道，就像佛家所說的「眾生皆有佛性」

一般，君子所行的中庸之道，開始於普通的男男女女，但它的最高深境界，卻能達到整個天地。

中庸至德既有供有德君子研究探討的一面，又有供普通百姓日常實踐的一面，因此是一個最博大的體系。我們普通人可以從中汲取到我們所能理解的淺顯的道理；那些智慧高人一等的人，則可以從中獲得廣大的真理。比喻來說，我們日常生活與工作已經離不開電腦，然而並不是我們每一個人都懂得軟體的開發、程式的編寫、電腦的原理，但是這並不影響我們使用電腦、利用軟體，我們一樣可以打字、上網；而專業人士則可以從事電腦的軟硬體開發工作。

所以，雖然我們並非君子、聖人，可是只要我們去認真理解、實踐中庸之道，就一樣可以有收穫，在立身處世之中處於不敗之地，從而獲得成功。

第十三章——人不遠道，道不遠人

原文

子曰，「道不遠人，人之爲道而遠人，不可以爲道。詩云，『伐柯伐柯，其則不遠。』執柯以伐柯，睨而視之。猶以爲遠。故君子以人治人，改而止。

忠恕違道不遠。施諸己而不願，亦勿施於人。

君子之道四，丘未能一焉：所求乎子，以事父，未能也；所求乎臣，以事君，未能也；所求乎弟，以事兄，未能也；所求乎朋友，先施之，未能也。庸德之行，庸言之謹；有所不足，不敢不勉；有餘，不敢盡。言顧行，行顧言。君子胡不慥慥爾。」

《譯文》

孔子說：「中庸的大道不會遠離人，有人實行大道卻遠離了人道，那他就不可以實行道了。

《詩經》說：『伐木頭做斧柄，伐木頭做斧柄，斧柄的式樣就在眼前。』拿著斧柄砍削斧柄，斜著眼一看就看得見，但還是會發現差異很大。所以，君子以人道的原則去治理人，直到改正才停止。

能夠做到忠恕就離中庸之道不遠了。不願意加在自己身上的事情，也不要施加到別人身上。

君子的道德有四項內容，我孔丘連一項也沒有做到。要求做子女的，要孝順父母，我沒有能夠做到；要求做臣民的，要忠誠於君王，我沒有能夠做到；要求做弟弟的，要順從兄長，我沒有能夠做到；要求做朋友的，應該自己先做到，我沒有能夠做到。中庸之德的實行，中庸之言的謹慎，做得還不夠，不敢不勉勵自己努力，有做得好的也不敢說盡。言談要顧及行動，行動要顧及言談，君子怎麼能不老實忠厚呢！」

【智慧解析】

人們常說：「道不遠人人自遠。」大道就在我們身邊，是我們周圍事物的反映，是從我們身邊的事物中總結出來的規律性的東西，具有「放之四海而皆準」的普遍性。暑去寒來、潮漲潮落、饑來吃飯、睏來睡眠……這些都是我們身邊的大道。因此，大道源於人事，又高於人事，推行大道的實質就是從實際出發。可以說，我們乃至世間萬物，都是大道的一部分，如果拋開我們，大道就無所存在了，所以大道是須臾不會離開我們的。

從另一個角度來說，我們為人處世、生產生活，也不能離開大道，因為它是支配我們的，主宰著我們，遠離了大道，我們的生活就會變了模樣，我們是難以生存的。就這個方面而言，同樣是「道不遠人」。

但是，假如我們之中有人口口聲聲說要實踐大道，卻背離了人事，如第十一章所說的那樣，探求隱僻的道理，做荒誕怪異的事情，脫離了生活實際，這樣的做法自然不能算作是真正推行大道，那麼這樣的人也就不要行什麼大道了。

大道既具有普遍性，也與我們每一個具體的人、每一件具體的事情相適應，這具體的人、具體的事情就是人事，沒有與人事完全背離的大道，也沒有不合大道束縛的人事。拋開了真實存在的生活，大道就不能算作可以指導我們生活的東西了。

中庸之道來自於對生活的總結，它不曾脫離生活，所以我們只要稍加留意，就會體味到中庸的真諦；我們之所以遠離這個道，只是因為我們自己不曾在意而已。孔子引用了《詩經》中的一段《伐柯》來說明這個道理。要做一把斧柄，就得用斧子去砍伐木頭，要把木頭砍成什麼樣子呢？正好手中握著斧子，這就是斧柄的樣本，只要斜著眼一看就看得見，照著它的樣子砍就可以了。行中庸之道也是如此：中庸之道就在我們的身邊，只要我們放下自己的固執，也就可以立即看到那個大道了，取用其實是相當方便的。

然而，即使是這樣做，還會發現與榜樣相差太遠。所以講中庸的人，是以自身受自上天的道理去管理他人，使他人改好就可以了。這裏向我們揭示了一個管理的學問：那些聖明的管理者總是讓百姓自己去管理自己，讓他們自己發現生活與工作的大道，這樣他們一定會有所覺悟，並且自覺自願地遵從實踐這一規律。如果管理者發現百姓們做得不對，就引導他們認識到正確的道理，他們就會棄惡從善，改正錯誤。真正的管理，並不是強迫性的干預，也不是嚴加管教，而是要幫助被管理者得到對大道領悟。

既然人人都可以認識大道，那些做錯了事情的人只是一時間遠離了大道而已，那麼對別人就不應該求全責備，而要採取設身處地、將心比心的思考方法，做到能為他人著想。不願意加在自己身上的事情，也不要施加到別人身上，孔子說能夠做到「忠恕」二字就離中庸之道不遠了。什麼是「忠恕」呢?可以說，盡了自己的心就是「忠」，推己及人就是「恕」。做任何事情，都盡心盡力，真誠地去做，要做就做好，合乎規律，恰到好處，這就是合乎大道了。人非聖賢，孰能無過，做到將心比心，處心公平，無狹無私，多給別人一些機會，這也是合乎大道的。

在這一章中，孔子謙虛地說講求中庸之道的君子要做到的四項內容，他一項也沒有做到，那就是孝以事父，忠以事君，悌以事兄，施以事友。盡心盡力地報答生養我們的父母雙親，這就是孝；忠心耿耿、盡職盡責地對待事業工作，這就是忠；用親情與尊敬對待自己的兄弟姐妹，這就是悌；對待朋友先付出真情，這就是施。做到了這些，也就離中庸之道不遠了。

這裏孔子還給了我們一個關係到每一個人一生成敗的提醒，那就是「言顧行，行顧言」，意思是言談要顧及行動，行動要顧及言談，言行要一致。孔子一貫反對巧言令色、誇誇其談、言行不一。孔子的學生子貢曾經向孔子請教什麼是「君子」，孔子告訴子貢說君子是「先行其言而後從之」的。也就是要先去實踐自己的話，然後才出說來，否則就成了光說不練的「假把式」。他主張「敏於事而慎於言」，也就是少說空話，多做實事。

孔子還說過，「古時候的人說話不會輕易出口，就是擔心自己的行動跟不上啊」。清末名臣曾國藩曾說：「莫說半句荒唐之言，莫做半點架空之事。」說的也是這個意思。東漢時，汝南郡的張劭和山陽郡的范式同在京城洛陽讀書，學業結束了，他們分別的時候，張劭站在路口，望著天上飛過的大雁感歎道：「今日一別，不知何年才能見面……」說著，流下淚來。范式拉著張劭的手勸解說：「兄弟，你不要傷悲。兩年後的秋天，我一定去你家拜望老人，同你聚會。」兩年後的秋天，落葉蕭蕭，長空雁鳴，牽動了張劭情思，他自言自語地說了句：「他快來了。」說完就回屋找母親準備迎接客人。母親不相信，可是張劭說：「范式為人正直、誠懇，極守信用，他不會不來。」

兩年前分手的日子到了，范式果然風塵僕僕地趕來了。舊友重逢，格外激動，張劭的老母親也站在一旁感動得直抹眼淚。這段范式重信守諾的佳話一直被後人傳頌，而寡信輕諾、言過其實的行為，永遠為世人所唾棄。

言行是否一致，也是孔子判斷一個人是否是合格人才的標準之一，他告誡我們，要「聽其言而觀其行」，在看待人時，只有這個人言行一致了，才能相信他。一個講信用的人，能夠言行一致，我們可以根據他的言與行的關係，判斷他的為人，判斷他是否值得交往。

有這樣一個故事，一個孩子問自己的母親，為什麼上帝給每人兩隻耳朵、兩隻眼睛，可嘴卻只給了一張呢。母親告訴孩子，那是因為上帝想讓人們多聽，多看，少說。在日常生活中，我們只有做到多聽、多看、少說，還要加上一條言行一致，才可能獲得成功。工作勤勉而出言謹慎，可以幫助我們居於最有利於我們發展的境況當中。光說不練，或者是未經深思熟慮便發表意見，都會給我們帶來意想不到的麻煩。言過其實，「語言的巨人，行動的矮子」，是不可能擁有美好的人生的。

第十四章——素位而行，反求其身

原文

君子素其位而行，不願乎其外。素富貴，行乎富貴；素貧賤，行乎貧賤；素夷狄，行乎夷狄；素患難，行乎患難。君子無入而不自得焉。

在上位，不陵下；在下位，不援上；正己而不求於人。則無怨。上不怨天，下不尤人。故君子居易以俟命，小人行險以徼幸。

子曰，「射有似乎君子。失諸正鵠，反求諸其身。」

《譯文》

君子根據自己平常所處的地位去做事情，不願意做本分以外的事情。身處富貴的地位，就做在富貴地位上應該做的事；身處貧賤的地位，就做在貧賤地位上應做的事；身處邊遠的夷狄地區，就做在邊遠的夷狄地區應做的事；身處患難之中，就做在患難之中應該做的事；君子身處在什麼情況之下都會安然自得。

處在較高的位置上，不欺壓處在下位的人。處在較低的位置上，不巴結處在上位的人。端正自己行爲與思想而不去苛求別人，這樣就沒有可抱怨的了。向上不抱怨天，向下不抱怨人。所以，君子能安處自己的地位而等待天命，小人則行爲冒險而心存僥倖。

孔子說：「射箭的道理就好像君子做人一樣，如果射不中靶子的中心，應該回過頭來從自身上找原因。」

【智慧解析】

我們在生活中的許多痛苦，源自於人們無盡的貪欲和狂妄自大。貪欲帶來本不該有的爭奪，小到人與人之間的為了一己私利的爾虞我詐，大到國家之間的戰爭與掠奪，這些都起於貪欲。狂妄自大則導致人們恣意妄為、我行我素、剛愎自用，不按照事物的規律辦事，這使得我們的世界失去了本應有的寧靜與和諧。

真正的君子會怎樣做呢?他們並非是怯弱的安分守己，而是順應事物的規律，不盲目羨慕外在的東西。自己應當得到的東西，就去得到，自己不應該得到的東西，也不巧取豪奪。既要按勞取酬，又無功不受祿。這樣為人處世，才會使我們的社會保持和諧的狀態。

孔子說過一句有名的話——「不在其位，不謀其政。」說的是不居於那個職位上，就不考慮它的政務，這與本章的「素其位而行」意思相似。孔子的這句話如今已是廣為流傳，我們都明白其中的道理就是，無論做什麼事情，都要找準自己的位置，然而許多人卻在實踐當中忽略了這一為人處世的深刻哲理。俗話說「隔行如隔山」，不在其位就不可能準確地了解情況，談論及解決起問題來也就抓不住重點，妄為反而添亂，弄不好還要鬧出糾紛。《易經》中也有「君子思不出其位」的話。

「不在其位，不謀其政」還隱含著另外一層意思，那就是在其位就要謀其政。現代社會進步的一個重要表現就是分工的出現，人們各司其職，相對獨立而又統一。然而我們現代人又有一個最大的毛病，就是不再「安分守己」，而是一山望著一山高。說什麼「不想當老闆的員工，不是好員工」，結果是放鬆了本領的積累，在其位卻不謀其政，不考慮如何把本職工作做好，一心只想謀得其他更高的職位，不惜爾虞我詐，相互傾軋，存心不良就難免自食惡果。所以，「素其位而行，不願乎其外」應當是所有人為人處世的基本原則之一。

中庸之道告訴我們，做任何事情都要恰到好處、無過無不及，把握一個「度」字。所以，當我們身處富貴的地位時，就做在富貴地位上應該做的事。比如，做領導的就應該挑起領導者應挑的擔子，帶領、指導下屬把工作完成，並且要為下屬的切身利益著想。如果領導者只考慮如何中飽私囊、以權謀私，甚至為了滿足自己的欲望而剝奪他人的權利，欺壓處在下位的人，這就違反了中庸之道，必將受到懲罰。再比如有些富貴之家，並沒有自恃有大把的鈔票就揮霍無度、縱情聲色犬馬，而是取之於人、用之於人，投身公益事業，反而長久地保有了財富與名譽，究其原因，就是遵循了「富貴行乎富貴」的中庸之道。

身處貧賤的地位，就做在貧賤地位上應做的事。法國十九世紀末作家莫泊桑寫的一篇著名的短篇小說《項鍊》講述了一個發人深省的故事：生活在小職員家庭中的路瓦栽夫人原本生活並不富裕，卻偏偏愛慕虛榮，為了參加上流社會的一個舞會向朋友借來一串項鍊。因為有了這串項鍊的襯托，她在舞會上顯得光彩照人，然而回到家時她發現那串美麗的項鍊不翼而飛了。為了保住面子，她悄悄買來一串一模一樣的項鍊還給朋友，然而為了償還買項鍊的錢，她付出了許多年的青春沒日沒夜地工作，變得衰老且疲憊。其實，處於困境可以通過正當手段、努力工作來改善生活條件，比如有很多出身於貧困山區的孩子，就是憑藉吃苦耐勞的精神，通過勤奮學習向外求學，來改變自己的生活狀態。

許多人看過《貧嘴張大民的幸福生活》這部電視劇，劇中張大民一家的生活條件比較困難，一家人擠住在十幾平方公尺大的小屋內，然而張大民卻始終抱持著樂觀開朗的心態，在有限的條件下努力改善生存條件，真正端正自己行為與思想而不去苛求別人，這樣就沒有可抱怨的了，向上不抱怨天，向下不抱怨人。張大民的生活理念給了觀眾們不小的震撼。相比之下，有些人身處貧賤，只知嫉妒眼紅別人的好生活，心理永遠不平衡，只想著如何一夜暴富。於是「人窮志短」到甘願喪失人格與尊嚴，或者坑蒙拐騙偷，採取的都是不正當的手段，等待他們的只有法律的制裁。所以孔子說：「君子貧窮還堅持著，小人受窮便無所不為了。」君子能安處自己的地位而等待天命，小人則行為冒險而心存僥倖。

處在較高位置上的人，不應該依仗著自己的權力壓迫處在下位的人；處在較低位置上的人不應該巴結討好處在上位的人，否則都會受到現實的懲罰。舉個例子來說，沈萬三秀是明朝初年江蘇昆山一帶著名的大富翁。他原名沈富，因當時民間習慣上把名門家族中的人稱為「秀」，加上姓氏和排行，所以叫他「沈萬三秀」，其中的「萬」字是表示他擁有萬貫家財。這個沈萬三秀特別想向剛剛建立明王朝的朱元璋表示自己的忠誠，拼命向朝廷輸銀納糧，想給朱元璋留下個好印象。朱元璋曾經下令要沈萬三秀出錢修築金陵的城牆，沈萬三秀負責修築從洪武門到水西門的一段，佔金陵城牆總工程量的三分之一。可是沈萬三秀不僅保質保量地提前完工，而且還提出由他來出錢犒勞協助修建城牆的士兵。沈萬三秀之所以這樣做完全是為了巴結討好朱元璋，沒想到朱元璋一聽十分生氣，他說：「朕有雄師百萬，你能犒勞得了嗎？」被獻媚之心沖昏了頭腦的沈萬三秀根本沒聽出朱元璋是話裏有話，當即表示可以由他來出錢犒勞每位將士。朱元璋本來就因為江南富豪支援他的敵對勢力而吃盡苦頭。雖然現已立國，可是國不如民富，如今聽說有人竟敢仗著有錢把手伸向軍隊，頓時火冒三丈。他表面上不動聲色，心裏卻決定一定要治一治這個沈萬三秀。最終沈萬三秀被朱元璋弄得傾家蕩產，本人也被流放到雲南邊地去了。沈萬三秀做了本分之外的事情，結果落得個悲慘的下場。

同樣的道理，處在邊遠的夷狄地區，就做在邊遠的夷狄地區應做的事。古時候所說的夷狄地區，就像我們現在所說的少數民族地區。解決「素夷狄，行乎夷狄」的道理的最好例子，就是內蒙古自治區的「伊利」和「蒙牛」兩個企業。它們利用自身優勢，迅速走向了全國。處在患難之中，就做在患難之中應該做的事。在患難之中不知無措，不按規矩辦事，只有會招致更大的不幸。相反，患難之中做應當做的事情，就會獲得最好的結果。有一個旅行者，乾糧吃光了，水也喝完了，饑渴難忍，拖著沉重的腳步艱難地前進著，終於來到一個破爛不堪的為旅行者設置的飲水驛站。他支持著身子走進驛站，發現了一個抽水井，可是無論怎樣使勁也抽不出一滴水來。絕望之中他環視四周，發現地上還有一個水壺，水壺的蓋子擰得很緊，還貼著一張紙條，上面寫著：「你要先把水壺裏的水灌到抽水井中，然後就可以抽出水來。記住：在你走之前要把水壺裝滿水，擰緊蓋子。」他小心翼翼地擰開蓋子，裏面真的有一壺水。這個人心裏矛盾極了，因為萬一把水灌到抽水井中卻仍然抽不出水來，不就失去了已經到手的一點水了嗎？他多麼想一口氣把這壺水喝掉啊，但是他心裏也明白，這一小壺水也只能解一時之急，他仍然無法完成旅行。最後，他決心按照紙條上的說明去做，果然從抽水井中抽出了甘涼的井水。他痛痛快快地喝足了水，又裝滿自己隨身帶著的所有水壺。最後，他把那個救了他一命的水壺也裝滿水，擰緊蓋子，留給後來人。從這個故事中我們可以了解到「患難行乎患難」的重要性。

總而言之，君子身處在什麼情況之下都會安然自得，就像聖人孔子自己評價自己時說的那樣，「吃粗糧喝冷水，彎著胳膊當枕頭，快樂也在其中。不合道義得到的財富和地位，對於我就像飄浮的雲彩。」臺灣著名漫畫家蔡志忠先生說：「自己是什麼就做什麼：是西瓜就做西瓜，是冬瓜就做冬瓜，是蘋果就做蘋果；冬瓜不必羨慕西瓜，西瓜也不必嫉妒蘋果……」比如有的孩子不善於學習功課，卻擅長體育運動，那麼與其逼著他學習功課，要求他的成績和資優生一樣好，還不如去發展他的體育特長。我們只有這樣做，才能處處揚長避短，使生活變得遊刃有餘，結果自然就是水到渠成。

不過，既然是遵循中庸的原則為人做事，那麼堅持「素其位而行，不願乎其外」的原則也絕對不能機械，否則就又過了頭。比如說，別人請你出謀劃策或者幫忙，你卻以「不在其位」為由推脫，就未免太死板、太沒有人情味了；或者明明發現了別人工作中的大錯誤，卻袖手旁觀，未免太過自私了。可以委婉地指出，以幫助他人。《大學》一書中記錄了孔子說「知其所止」，只有知道什麼當行，什麼當止，才可能獲得成功的人生。

我們身邊還有這樣一些人，處於貧賤也好，處於困境也罷，或者當他一事無成時，只會感歎命運的不公，卻從不問一問自己是否盡力做了應該做的事情。對於這樣的人，孔子說過，「君子處處要求自己，小人處處要求別人。」只有嚴格要求自己，勤於進德修業，注重內省，不斷地調整自己，才能日漸靠近中庸之道。

第十五章——行遠自邇，登高自卑

原文

君子之道，譬如行遠必自邇，譬如登高必自卑。

詩曰，「妻子好合，如鼓瑟琴。兄弟既翕，和樂且耽。宜爾室家，樂爾妻孥。」

子曰，「父母其順矣乎。」

《譯文》

君子實行中庸之道，就好比走遠路那樣，一定是從近處開始；就好像攀登高山那樣，一定是從低處開始。

《詩經》上說：「與妻子和兒女感情和睦，就好像彈奏琴瑟和諧美妙。兄弟之間關係融洽，和諧快樂。使你的家庭美滿和諧，使你的妻子兒女快樂。」孔子說：「父母這樣也就順心如意了吧！」

【智慧解析】

孔子的學生子夏擔任了莒父縣的縣長。當時莒父縣長期管理不善，正處於百廢待舉之際，子夏上任後急於有所作為。他向孔子請教怎樣處理政務。孔子並沒有告訴他具體怎樣做，而是提醒他說：「不要想著快速，不要只看見微小的利益。想著快速，反而不能達到；只看見微小的利益，就辦不成大事。」目的是告誡子夏，不要急功近利、好高騖遠、拔苗助長，要懂得「欲速則不達」的道理。對於我們每一個人來說，這一點尤其重要，要想工作有成效，就要分出輕重緩急，以及看清眼前小利與長遠大利之間的關係。這就是我們熟知的成語「欲速則不達」的出處。

中庸的智慧告訴我們，要遵循大道規律生活辦事。大道規律告訴我們，萬事萬物的發展變化總是循序漸進的，所以我們做事切不可操之過急，否則就會「欲速則不達」，效果適得其反。老子說過：「合抱之木，生於毫末；九層之臺，起於累土；千里之行，始於足下。」荀子說過：「不積跬步，無以至千里；不積小流，無以成江海。」說得都是「君子之道，辟如行遠，必自邇；辟如登高，必自卑」的道理。

記載了許多譬喻故事的佛教經典《百喻經》中有一個故事叫作「三重樓喻」。說有一個笨人，富有卻愚昧無知，他看到別人家有一座三層的高樓，寬敞高大，心裏十分羨慕，於是找來工匠也為他建造一座這樣的高樓。工匠就開始打造地基，笨人看見了心裏十分疑惑，問工匠說：「你這是準備幹什麼？」工匠答道：「準備建造三層樓啊。」笨人又說：「我不想要下面的兩層，你先給我建第三層吧。」當時的人聽說了以後紛紛嘲笑他說，哪有不造下面一層就能造出第二層、第三層的呢！佛教用這樣一個故事來譬喻要想修得正果，就不可懶惰懈怠，要先證得前三果，才可證得第四果。

不單是行中庸之道好比走遠路那樣，一定要從近處開始，就好像攀登高山那樣，一定是從低處開始。我們做任何事情都要循序漸進，先有積累才會取得成功。有些天賦頗高的孩子，上學的時候時常跳級，看起來似乎是走了捷徑一般，其實這些孩子只不過是基礎積累的速度比別的孩子快一些罷了，並不是直接繞過了一步一步積累的過程。如今，急功近利似乎已經成為一些現代人的通病。然而，如果不注重基礎只顧長遠目標，那個長遠目標即使唾手可得，也只是虛的而已。西南大學心理學院院長、博士生導師張慶林教授曾經撰文說：在市場經濟的環境下，人最容易出現急功近利的想法。從心理學上說，急功近利是由「即時強化」導致的。所謂「即時強化」，就是說人在看到了結果的情況下，就會強化自己的行為，以結果為導向對自己的行為進行指引。張教授指出，即時強化的例子有很多，就拿家長對孩子的教育來說，有些家長不管孩子平時是不是努力學習，只看考試的結果如何。考得好，就獎勵；考得不好，就會批評。結果是孩子急功近利，儘管分數進步了，綜合素質卻沒有什麼提高，或者是一時找到了一個好的工作，長期發展卻缺乏動力，結果流於平平。再比如說，有些企業在經濟發展時，也有急功近利的行為，其結果很可能是效益提升了，卻犧牲了生態環境，浪費了資源，忽視了和諧發展。

小到一個人，大到一個企業，都需要一步一步地積累。有些企業，自身的人才積累、技術積累、資金積累都不足，即使引進了世界上最先進的技術，也不會具備相應的擴張能力和盈利能力。事實證明，先有雄厚的技術積累，才有高新技術突破。積累了自己的技術能力，再成功地吸取率先者的技術成果、經驗和教訓，才有可能趕上或超過那些先進者。

儒家思想認為，一個人理想事業的實現，是遵循修身、齊家、治國、平天下這一循序漸進、推己及人的過程完成的，也就是「身修而後家齊，家齊而後國治，國治而後天下平」，這是實踐經驗的總結，很有道理。我們常說「先做人，後做事」，意思就是一個人做事業要從自身的修養做起，從自己身邊切近的小事做起，修養好自身，才能成就更大的事業。自身的品德提高了，家庭才會整頓好。家庭整頓好了，然後國家才會治理好。國家治理好了，推而廣之，然後才能使天下太平。做到了修身、齊家，然後再去考處治國、平天下的事業，這才是腳踏實地的做法。這也表現出「君子之道，譬如行遠必自邇，譬如登高必自卑」的真意。無論是個人行為，還是企業行為，甚至是政府行為，都應該參考中庸之道，切不可殺雞取卵、急功近利。

為了說明這一道理，《中庸》一書中引用了《詩經・小雅・常棣》的句子，「與妻子和兒女感情和睦，就好像彈奏琴瑟和諧美妙。兄弟之間關係融洽，和諧快樂。使你的家庭美滿和諧，使你的妻子兒女快樂。」這也順和了孝道，孔子因此說：「父母這樣也就順心如意了吧！」家庭和睦，一家人共享天倫之樂，我們自己也獲得了心靈的安寧和歡悅，心裏沒有了後顧之憂，才能放手拚事業，事業還有不成功的可能嗎？如果沒有做到先修身、齊家，那麼，自身缺乏修養，不具備做事業的能力，或者即使有能力卻常常「後院起火」，也同樣做不好事業。可見君子的大道，也存在於日常生活的孝道之中。這與中庸之道「造端乎夫婦，及其至也，察乎天地」的說法是一致的。

第十六章——道體物不可遺

原文

子曰，「鬼神之爲德其盛矣乎。視之而弗見；聽之而弗聞；體物而不可遺。使天下之人，齊明盛服，以承祭祀。洋洋乎，如在其上，如在其左右。詩曰，『神之格思，不可度思，矧可射思？』夫微之顯。誠之不可揜，如此夫。」

《譯文》

孔子說：「鬼神的德行，眞是很大啊！看它看不見，聽它聽不到，但它卻表現在萬事萬物之中而沒有遺漏。讓天下的人，齋戒沐浴後穿上莊重服裝，來祭祀它們，浩浩蕩蕩啊！祭祀時好像在人們的上方，又好像就在人們的左右。《詩經》上說：『神的降臨，不可以猜測，怎麼能夠對其怠慢不敬呢？』從隱微到顯著，誠心就是這樣不可以掩飾的。」

【智慧解析】

這一章通過說明鬼神的特點，來說明中庸之道是不可離的。我們現在通常認為「鬼」是不吉利的東西，是很可怕、可恨的，然而古代人卻並不這麼認為。古代人認為，鬼是祖先死後的神靈形式，不但不可怕、可惡，還可以保佑他的後代。古代人經常祭祀鬼神，以獲得它們的佑護。鬼神處於天地之中，可謂盛大，雖然它是人們所看不到、聽不到的，然而人們卻不能不對它們敬畏、謹慎。中庸之道也是如此。

在我們生活的這個世界上，既有可以看見的有形的東西，比如我們的肉體、樹木、房子、動物等等，也有一些我們無法看見的東西，比如各種規律、自然法則等等。看得見的東西，我們容易把握，對於看不見的東西，我們就無法用直觀的方法加以體認，需要通過智慧的思考、總結歸納發現它們。中庸之道就是這樣無形無相卻又真實存在，不離我們左右的。這一章中孔子以對鬼神之德的描述，來說明中庸之道的這種特點，也就是「視之而弗見，聽之而弗聞，體物而不可遺。使天下之人，齊明盛服，以承祭祀，洋洋乎！如在其上，如在其左右。」

我們都知道大道無言無聲、無形無相。我們誰也沒有聽到過大道的聲音，也無從知曉大道的語言。然而，世上萬物都是大道創造的，都是大道的載體，都必須按照大道的規定去行事，順道而行就有發展，逆道而行就會失敗，大道主宰著我們，不可須臾離開！大道就像老子所說的那樣，「寂兮寥兮，獨立而不改，周行而不殆，可以為天下母」，也就是說，它寂寞無聲，廣闊無形，獨自存在而永恆不變，循環運行而不停殆，它可看作是天地萬物的母親。

《易經．繫辭傳》中說：「觀天之神道，而四時不忒；聖人以神道設教，而天下服矣！」意思是說，觀察天下的造化之道，四季周而復始不變，聖人仿效自然造化的萬物之道教化人民，而使天下信服。說明聖人也是以自然運行法則作為統治管理百姓的依據的。就現實生活而言，我們在發展經濟的過程中，要依照經濟規律辦事。經濟規律同樣是看不到、摸不著的，可是卻「實實在在」地不容忽視。企業、經濟體的成敗，就取決於能否按經濟規律辦事，一個國家的經濟建設也是如此。這些我們都有切身體會。

中庸的大道就是這樣，雖然我們看不見它，它卻可以通過無所不在來使我們每一個人心悅誠服。我們常常以為看不到的東西就是不存在的，所以在違反法則做事時自以為神不知、鬼不覺，殊不知法則會在暗中考察我們的行為，然後做出相應的獎勵或懲罰。對此，古人稱為「頭上三尺有神明」。我們為人處世只有真誠的遵循大道，才能不招致災禍。

第十七章——大德者必受命

原文

子曰，「舜其大孝也與！德爲聖人，尊爲天子，富有四海之內。宗廟饗之，子孫保之。故大德，必得其位，必得其祿，必得其名，必得其壽。故天之生物。必因其材而篤焉。故栽者培之，傾者覆之。詩曰，『嘉樂君，憲憲令德。宜民宜人。受祿於天。保佑命之，自天申之。』故大德者必受命。」

《譯文》

孔子說：「舜帝是十分孝順的了吧！品德是聖人，被尊爲天子，擁有天下的財富，享受宗廟的祭祀，子孫後代保持著祭祀。所以，有大仁大德的人一定會得到他應該得到的地位，一定會得到他應該得到的俸祿，一定會得到他應該得到的聲譽，一定會健康長壽。所以，上天生育萬物，一定會根據它們的本質來判斷是否要厚待它們，因此值得培育的就培育它，傾斜的就讓它摧敗。

《詩經》中說：『快樂的君子，美好的德行顯露出來。對百姓和在上位的人有恩德，享受上天賜予的福祿。上天保佑他委給他重大的使命，福祿長久。』所以，有大仁大德的人一定會承受重大的天命。」

【智慧解析】

我們常說「萬德孝為先」，意思是說，好的品德是以孝順自己的父母為基礎，這是我們中華民族的傳統美德。換句話說，只有愛自己的親人，才可能愛別人；相反，一個人連自己的親人都不能敬愛，也就談不上能敬愛別人了。父母生養了我們，我們報答他們，這就是「孝」；兄弟姐妹是我們的手足，我們與他們相親相愛、相互照顧，這就是「悌」。同樣，對待父母與同輩的態度也會影響到對待上級與同事、朋友的態度：對待上級忠誠、尊敬，對待同事、朋友友愛，這些其實是與「孝」和「悌」相通的。這實際上表現的就是儒家思想中的「齊家治國平天下」的道理。

說孝是一個人的基本品德是很有道理的。一個人若是能夠孝順父母，尊敬長者，那麼他的本性自然而然就不可能是真正兇暴的。這正如孔子的學生有若曾經說過的那樣：一個人為人孝順父母、敬愛兄長，卻喜好冒犯在上的人，是很少見的啊；不喜好冒犯在上的人，卻喜好造反叛亂，這種人從來沒有過。君子勤務基礎，基礎樹立了「大道」也就產生了。守孝道、悌道的人，這就是「仁」的基礎吧！

一次有人問孔子：「你為什麼不參與政治呢？」孔子回答說：「《尚書》中說：『孝

啊，只有孝順父母，友愛兄弟，施行於家政之中。』這也是參與了政事啊，為什麼一定要做官才算參與政治了呢？」孔子的回答表現出儒家「齊家治國」的思想，說得很有道理。處理好家庭關係，也是公民的責任所在，同樣也是為社會做貢獻，也等於參與了政治。一些殺妻滅子，或者殺害親生父母的案件，弄得當地民怨沸騰，百姓人心惶惶，紛紛感歎世風日下，無疑是社會安定的大患。這樣說來，就像「亞聖」孟子去見梁惠王時所說的那樣，尊敬自己的老人，並由此推廣到尊敬別人的老人；愛護自己的兒女，並由此推廣到愛護別人的兒女。做到了這一點，整個天下便會像在自己的手掌中運轉一樣了。在孝的基礎上做到「老吾老以及人之老，幼吾幼以及人之幼」，那麼整個社會的風氣就將是良好的。有了大孝這一德行，就會得到廣大人民的支持，有什麼主張也會得到回應。因此，孝已經不是一個簡單的個人為人的問題了，而是關係到家庭穩定、人生成敗，甚至是社會安定的大問題。

所以孔子充分地讚揚舜帝具有大孝的德行，有了大孝這一德行，事業也就有了支柱，天下的百姓都樂意做他的臣子。得到天下人的擁護，就擁有了權威，這樣就會自然而然地擁有天下的財富。受之於民，用之於民，為天下人操勞，帶給老百姓安定美滿的生活，老百姓就會感恩戴德，於是就會使有德的聖人享受宗廟的祭祀，並且子孫後代保持著祭祀。正因如此，孔子說「有大仁大德的人一定會得到他應該得到地位，一定會得到他應該得到的俸祿，一定會得到他應該得到的聲譽，一定會健康長壽」。

有人曾經分析說，美國微軟公司的成功有賴於微軟公司的企業文化和價值觀，這其中就包括「自由平等、以德服人」。在微軟公司中，沒有所謂的官僚作風，公司授權給每一個人主導自己的工作。比如說，公司沒有「打卡」的制度，每個人上下班的時間基本上由自己決定。有一次，一個新員工開車上班時撞上了比爾·蓋茲停放著的新車，她嚇得問老闆怎麼辦，老闆說：「你發一封電子郵件道歉就可以了。」在她發出電子郵件後一小時之內，比爾·蓋茲不但回信告訴她說別擔心，只要沒傷到人就好，還對她加入公司表示歡迎。這種以德服人的管理理念使所有員工感到精神振奮，也成就了微軟的成功。

孔子所說的這番話還講出了有一分耕耘，就有一分收穫，有怎樣的努力，就有怎樣的收穫的道理。有向善的追求，就有好的結果。換句話說，要想擁有成功的人生，就必須從最基本的修身養性做起，循序漸進地提高自己的德行與才能，這樣才能得到上天的賜福和機會的眷顧，會自然而然、水到渠成地獲得成功。正所謂「皇天不負有心人」、「善惡到頭終有報」，做到了那個程度，就自然會得到那樣的結果。這就好比，許多人在工作中往往迷信技巧、戰術的效力，更渴望獲得成功的捷徑。然而工作經驗的積累，工作技能的提高都需要花費時間與精力。只有注意量的積累，等到量積累到一定程度，質變就是水到渠成的事了。

這其實正是中庸思想的表現，不安分守己、做事情急功近利，結果就是難有所成。也就是「上天生育萬物，一定會根據它們的本質來判斷是否要厚待它們，因此值得培育的就培育它，傾斜的就讓它摧敗」的意思所在。

孟子曰：「天將降大任於斯人也，必先苦其心志，勞其筋骨，餓其體膚，空乏其身，行拂亂其所為，所以動心忍性，增益其所不能。」意思是，人一定要經過艱苦的修養與磨練，才能意志剛強，增長才幹，從而能夠擔負起重任。生活中的麻煩與障礙只是暫時的，是對我們能力的考驗。大仁大德是修鍊出來的，有大仁大德的人一定會承受重大的天命。

第十八章——中庸而行，可以無憂

原文

子曰，「無憂者，其惟文王乎。以王季爲父，以武王爲子。父作之，子述之。武王纘大王、王季、文王之緒。壹戎衣，而有天下。身不失天下之顯名。尊爲天子。富有四海之內。宗廟饗之。子孫保之。」

「武王末受命，周公成文武之德。追王大、王季，上祀先公以天子之禮。斯禮也，達乎諸侯大夫，及士庶人。父爲大夫，子爲士；葬以大夫，祭以士。父爲士，子爲大夫；葬以士，祭以大夫。期之喪，達乎大夫；三年之喪，達乎天子；父母之喪，無貴賤，一也。」

《譯文》

孔子說：「沒有憂慮的人，恐怕只有周文王了吧！有王季做父親，有武王做兒子，父親王季打下了基礎，兒子武王繼承了他，武王繼承了曾祖父太王、王季、文王的事業，滅掉了殷而取得了天下，自身沒有失去在天下的美好名聲，被尊爲天子，擁有天下的財富，享受宗廟的祭祀，子孫後代保持著祭祀。」

「武王直到晚年才接受了天子之命，直到周公才成就了文王和武王的德業，追封太王、王季爲『王』，用天子的禮儀來追祀祖先。這種禮儀，一直推行到諸侯、大夫，以及士人和百姓當中。父親是大夫，兒子是士人的，父親去世後要依大夫的禮儀來安葬，用士人的禮儀來祭祀；父親是士人，兒子是大夫的，父親去世後要依士人的禮儀來安葬，用大夫的禮儀來祭祀。守喪一周年，實行到大夫爲止；守喪三周年，只有天子才能實行；而爲父親母親守喪，沒有地位高低之分。」

【智慧解析】

這一章是孔子對周文王境遇的感慨。周文王的父親是王季，王季的名字是季歷，據《史記．周本紀》記載，在岐周建國的周太王古公亶父有三子，長子太伯，次子虞仲，少子季歷。由於古公選擇了季歷作為儲君，於是「長子太伯、虞仲知古公欲立季歷以傳昌，乃二人亡如荊蠻，文身斷髮，以讓季歷」。據說，古公亶父是因為看出孫子姬昌很賢能，所以選擇了三兒子繼位，目的是將來讓孫子姬昌使周興旺發達。季歷勤修太王遺業，篤行仁義道德，後來把王位傳給了姬昌，姬昌便是周文王。所以，孔子實際上是說周文王有好祖父和好父親。

有前人的賞識與栽培，在前人打下了好的基礎後受命於天，固然是好的際遇，不僅如此，周文王還有一個好的繼承者，那就是他的兒子姬發周武王。

姬發不僅為人仁厚，更兼具勇武之氣，繼承了曾祖父太王、祖父王季、父親文王的事業，滅掉了殷商而取得了天下，建立周朝，統一中國。武王只是殷紂王的一個臣子，而竟然敢去討伐君王，按理說這是弒君的大逆不道的舉動，然而因為商紂王一味作惡，而武王則站在了維護正義與人民大眾利益的一方，替天行道，救民於水火，得天時、地利、人和，因而得到了百姓的擁護，自身非但沒有因為弒君而失去在天下的美好名聲，反而被尊為天子，擁有天下的財富，享受宗廟的祭祀，子孫後代保持著祭祀。這正是周武王德行與才幹的表現。

孔子分析了周文王的上兩代和下一代，得出的結論是，周文王的境遇是最好的——上邊有祖父、父親創業，下邊有兒子繼承事業，並且使大業興旺發達，自己則在中間守業，起到了承前啟後作用，所以說他是「無憂」的。這裏孔子所說的「無憂」，並非是指什麼憂愁也沒有，什麼事情都不用操心，坐享其成，有享不盡的清福，而是說因為上下前後的事情都已經安排得恰到好處、妥妥當當，每件事情都處於「中庸」的境界，所以自己只需要為情理之中的家、國、天下事操勞奮鬥，沒有無謂的煩惱和憂慮來困擾，只要依事情的本來面目行事就可以了。

再看古今中外無數想成大業而未成者，或者是沒有前人為他打下良好的基礎，自己辛苦創業，到死還沒有看到大業實現。比如真正有帝王之才的曹操；或者是身懷才能卻得不到重用，甚至遭奸人陷害。比如秦始皇的長子扶蘇，本該繼承王位，卻遭胡亥與趙高的陷害而自殺；或者是用血汗打下江山卻無合適的人才繼承，結果傳承匪人，使大好基業毀於一旦。比如秦始皇一統天下，他期望的萬世基業卻毀於秦二世手中。跟這些人比起來，周文王是何等的「幸運」，孔子的讚歎說的正是這個意思。

我們經常會聽到人們感歎「不如意事常八九」，許多人根本就不知道如何讓自己如願以償。中庸之道提示我們，只有每行一步都盡可能到位，每一步都走得合情合理，遇事依照平衡、和諧的智慧行事，這樣才能最終獲得「好運」的降臨。康拉德・勞倫茲所著的《所羅門王的指環——與鳥獸魚蟲的親密對話》一書中寫道：在一個玻璃缸裏鋪一層乾淨的細沙，再丟幾根水草進去，這件事既不花錢又有趣。然後倒幾桶水，把整個玻璃缸移到有陽光的窗臺上，幾天之後，水漸漸清了，水草也開始生長；然後就可以放進幾條小魚了。或者，帶個罐子、一張小網跑到附近的水塘裏，用網子在水底下兜幾兜，馬上就可以帶回一大堆有趣的小生物。即使水缸底部堆積了一層魚的排泄物和枯萎了的碎水草也不要緊，因為這新加的一層使得原來乾淨但貧瘠的一層細沙頓成沃土。從這段描述中我們可以看出，就是在一個魚缸的小小天地裏，因為我們所做的事情合情合理，無過無不及，所以一切都是那麼的和諧有序。小魚兒游來游去，它們呼出的二氧化碳剛好夠幾棵小水草呼吸；那幾棵小水草釋放出的氧氣剛好夠小魚呼吸；小魚的排泄物剛好供給小水草養分，又不至使魚缸變臭……於是，我們就可以輕鬆地擁有觀賞魚缸的享受。但是，如果我們在小魚缸裏養大魚，或者每天都把缸底的細沙清洗乾淨，或者放了過多的水草，那麼這些過分的做法就會帶來無謂的煩惱困擾我們。理解了這些，我們就容易理解中庸的智慧了。

周武王是直到晚年才接受了天命成為天子的，不久就生病死了，因此他並沒有完成文王未竟的事業。不過，他得到了弟弟周公姬旦的扶持。周公曾經幫助武王滅商，鎮壓武庚及三叔的叛亂，並且輔助武王的幼子成王即位，分封諸侯，制定禮樂典章制度，光大周朝。周公輔助成王執政七年，總算把周王朝的統治鞏固下來，到周成王滿二十歲的時候，周公把政權交給成王管理，從周成王到他的兒子康王兩代，前後五十多年，是周朝強盛和統一的時期，歷史上叫作「成康之治」。所以說，「周公成文武之德」。

周公太王和王季追封了「王」的稱號，並且用天子的禮儀來追祭他們。這就為天下人做出了守孝道、不忘本的榜樣。所以，這種禮儀，一直推行到諸侯、大夫，以及士人和百姓當中。不過，行祭祖的禮儀也要合乎中庸的原則，不能過分或鋪張，更不能違背當循的禮儀、制度。比如說，父親是大夫，兒子是士人的，父親去世後要依大夫的禮儀來安葬，用士人的禮儀來祭祀；父親是士人，兒子是大夫的，父親去世後要依士人的禮儀來安葬，用大夫的禮儀來會祭祀。守喪一周年，實行到大夫為止；守喪三周年，只有天子才能實行；而為父親母親守喪，沒有地位高低之分。

所以說，事情只有做到適可而止、恰到好處的中庸境界，才有最圓滿的結果。

第十九章——繼承事業，和諧一切關係

原文

子曰，「武王，周公，其達孝矣乎。夫孝者，善繼人之志，善述人之事者也。春秋，修其祖廟，陳其宗器，設其裳衣，薦其時食。

宗廟之禮，所以序昭穆也。序爵，所以辨貴賤也。序事，所以辨賢也。旅酬下爲上，所以逮賤也。燕毛，所以序齒也。

踐其位，行其禮，奏其樂敬其所尊，愛其所親，事死如事生，事亡如事存，孝之至也。郊社之禮，所以事上帝也。宗廟之禮，所以祀乎其先也。明乎郊社之禮，禘嘗之義，治國其如示諸掌乎。」

《譯文》

孔子說：「周武王和周公是最孝順的人了吧！孝順，就是善於繼承先人的遺志；善於陳述先人業績。在春秋兩季祭祀的時候，修整祖先的廟宇，陳列好祭祀的器具，擺好祖先的衣服，把時鮮的食品獻上。

宗廟祭祀的禮制，就是用來排列長幼先後次序的；排列官職爵位的次序，就能把尊貴和卑賤分辨開來；安排好執事的次序，就可以辨別出是否賢能；飲酒的時候晚輩向長輩舉杯，這樣會惠及晚輩；宴會時按頭髮的顏色來安排座次，這樣就使得長幼有序。站在應該站在的位置上，舉行祭祀的禮儀，演奏祭祀的音樂；尊敬先王所尊敬的，愛戴先王所愛戴的；侍奉死去的人如同侍奉活著的人，侍奉亡去人的如同侍奉存在的人，這就是孝順的極致了。

祭天祭地的郊社之禮，是用來侍奉上天的；祭祀宗廟的禮，是用來祭祀祖先的。明白了祭天祭地的郊社之禮，大祭和小祭的意義，那麼治理國家就好像看自己手掌上的東西那樣清楚和容易了。」

【智慧解析】

孝的思想在儒家思想中佔有重要地位。儒家提出孝的概念，在一定程度上是與維護封建宗法社會的秩序相適應的。為了維護社會秩序，社會強調尊敬父母，敬宗法祖，父母對兒女要「慈」德等等。而且，從奴隸社會一直到封建社會，「孝」字的作用是逐漸被強化的。因為家庭是社會的基本細胞，細胞穩定、和諧了，社會當然也就穩定和諧，也就可以向前發展了。到了漢代，孝文化被進一步強調，我們可以看到許多皇帝的名號都加上了一個「孝」字，什麼孝文帝、孝景帝等等，就是強調要以孝治天下。

儒家的大思想家孔子認為，「孝」是「仁」的根本，也就是說，做不到「孝」就不可以做到「仁」，這其實是很有道理的。兒女應當孝敬父母，孝心出於人性的本然。然而，在封建社會，人們宣揚的孝道卻是極端化了的。比如《孝經》中說：「人之行莫大於孝。」《禮記．祭義》中記述了孔子的學生曾參的話說：「身也者，父母之遺體也。」對這句話，胡適先生有過詮釋，說它的意思是「不承認個人的存在——我並不是我，不過是我的父母的兒子」而已，這樣的孝道其實就走到了反人性的極端層面了，照這樣的說法，每一個人都只是他父母的延續和附屬品，結果是使「父要子死，子不得不死」這樣的事情成為「天經地義」了。帝王們是臣子的「祖」，所以又標榜什麼「君要臣死，臣不得不死」。這樣的「孝」當然要為現代社會的我們所擯棄。

時至今日，「孝」字仍然是我們的一個傳家寶。父母辛勞半輩子把我們養育長大，那麼我們就應該贍養年老的父母；父母把我們教育成人，我們自然就應當尊敬他們；父母身上有好的品德、好的傳統，我們就應該把它們繼承下來，還要發揚光大；如果父母先輩還有沒有完成且值得完成的事業，我們就應當在前人的基礎上，完成前人未竟的事業。這就是現代社會應當講的「孝道」。

在這一章中，孔子感歎說周武王姬發和周公姬旦這兩兄弟，是行孝道的典範，也講出了繼承與發展的道理。武王繼承了先輩的遺志，大興德業，替民除害，發兵攻打商都，討伐昏庸無道的暴君，建立了周朝。周公旦繼承了先輩和哥哥武王的遺志，輔佐成王，制定了禮樂制度，成就了周朝的興盛。特別是周公旦，以他的德行、威望、成就，完全可以君臨天下，代替幼小的侄子去治理天下。然而，他由「孝」而「仁」，忠於自己的責任，盡心盡力地幫助成王管理天下，等到成王可以自立時，就把政權交還給他，這是何等的德行啊。

清朝的孝莊文皇后，一生先後輔佐兩位幼帝坐鎮一統江山。在清朝順治中期和康熙初期實行舒緩的統治政策，使戰亂範圍逐漸縮小，生產逐漸恢復並且得到發展，百姓的生活也日漸安定，為後來的康雍乾盛世奠定了基礎。她在歷史上的功績是十分明顯的，康熙皇帝在他的《御制文集》中表達對祖母孝莊文皇后的感恩說：「憶自弱齡，早失怙恃，趨承祖母膝下三十餘年」，又說：「自幼齡學步能言時，即奉聖祖母慈訓：凡飲食、動履、言語，皆有矩度。雖平居獨處，亦教以罔敢越軼，少不能即加督過，賴是以克有成」，可見康熙皇帝的成長浸潤著祖母孝莊文皇后的一片心血。孝莊文皇后的做法既令人敬畏，又令人感動。所以說，我們要學習與提倡的孝，不能是「愚孝」，而是繼往開來，這才是真正的孝。因為自己的偉業，使得自己的先人都被後世人牢牢記住，自己也承受後世人的祭祀，這就是「達孝」了。

做到行孝報恩，還要飲水思源，不能「忘本」。古人為了讓人們做到這一點，另一方面又想得到祖先的護佑，便設立了祖宗廟宇，還要經常祭祀祖宗，通常在春夏秋冬四時都有隆重的祭典。在祭祖的過程當中，共同追思緬懷先人的業績和與先人的情感，家族的氣氛也變得莊嚴且和諧。同時，區分了長幼次序，年長的人得到尊敬，年幼的人得到愛護，從而各安其分，上下親睦，宗族興旺，這也是行孝道。

在古代，祭祀在人們的生活中佔有重要位置，小到老百姓的祭祖活動，大到天子祭天祭地，都各有其重要意義。周朝在冬至的時候，會在南郊舉行祭天的儀式，稱為郊或者郊天；在夏至的時候，在北郊舉行祭地的儀式，稱為郊或者郊社。祭天與祭地都事奉自然界的神靈，取得神靈的護佑，起了和諧人與自然的關係的作用。而在宗廟裏的祭祀，則是為了事奉自己的祖先，目的也是為了得到祖先神靈的保佑，起了團結活著的人，以及和諧人與人、人與社會關係的作用。所以綜合起來看，祭祀活動涵蓋了古代人社會生活的方面。所以說，真正了解了祭天祭地的郊社之禮，以及大祭和小祭的意義，治理起國家來就好像看自己手掌上的東西那樣清楚和容易了。引申來說，適當的制度、規範，對於和諧人際關係、提高工作效率是十分有效的。並且，恰如其分地了解制度、規範的真正目的與意義所在也至關重要。比如說，一個公司的例會制度如果被視為形式主義，誰也不充分利用這一制度抓實效，根本看不到其中推動工作發展的意義，那麼開例會就會真正變成可有可無的，甚至有不如無的東西。如果我們像古代人了解祭祀的意義那樣，看到了例會的真正價值所在，比如總結工作收穫，探討工作中的問題，相互交流感情等等，那麼召開例會自然就會有效果，人們自然能從中受益。

第二十章——治國平天下的大法則

原文

哀公問政。子曰，「文武之政，布在方策。其人存，則其政舉；其人亡，則其政息。人道敏政，地道敏樹。夫政也者，蒲盧也。

故爲政在人。取人以身。修身以道。修道以仁。仁者，人也，親親爲大。義者，宜也，尊賢爲大。親親之殺，尊賢之等，禮所生也。

在下位不獲乎上，民不可得而治矣。故君子，不可以不修身。思修身，不可以不事親。思事親，不可以不知人。思知人，不可以不知天。

天下之達道五，所以行之者三，曰：君臣也，父子也，夫婦也，昆弟也，朋友之交也。五者，天下之達道也。知、仁、勇三者，天下之達德也。所以行之者一也。

或生而知之；或學而知之；或困而知之：及其知之，一也。或安而行之；或利而行之；或勉強而行之：及其成功，一也。」

子曰，「好學近乎知。力行近乎仁。知恥近乎勇。知斯三者，則知所以修身。知所以修身，則知所以治人。知所以治人，則知所以治天下國家矣。

凡爲天下國家有九經，曰：修身也、尊賢也、親親也、敬大臣也、體群臣也、子庶民也、來百工也、柔遠人也、懷諸侯也。

修身，則道立。尊賢，則不惑。親親，則諸父昆弟不怨。敬大臣，則不眩。體群臣，則士之報禮重。子庶民，則百姓勸。來百工，則財用足。柔遠人，則四方歸之。懷諸侯，則天下畏之。

齊明盛服，非禮不動：所以修身也。去讒遠色，賤貨而貴德，所以勸賢也。尊其位，重其祿，同其好惡，所以勸親親也。官盛任使，所以勸大臣也。忠信重祿，所以勸士也。時使薄斂，所以勸百姓也。日省月試，既稟稱事，所以勸百工也。送往迎來，嘉善而矜不能，所以柔遠人也。繼絕世，舉廢國，治亂持危，朝聘以時，厚往而薄來，所以懷諸侯也。凡爲天下國家有九經，所以行之者一也。

凡事，豫則立，不豫則廢。言前定，則不跲。事前定，則不困。行前定，則不疚。道前定，則不窮。

在下位不獲乎上，民不可得而治矣。獲乎上有道：不信乎朋友，不獲乎上矣。信乎朋友有道：不順乎親，不信乎朋友矣。順乎親有道：反諸身不誠，不順乎親矣。誠身有道：不明乎善，不誠乎身矣。

誠者，天之道也。誠之者，人之道也。誠者，不勉而中，不思而得；從容中道，聖人也。誠之者，擇善而固執之者也。

博學之，審問之，愼思之，明辨之，篤行之。有弗學，學之弗能弗措也。有弗問，問之弗知弗措也。有弗思，思之弗得弗措也。有弗辨，辨之弗明弗措也。有弗行，行之弗篤弗措也。人一能之，己百之。人十能之，己千之。果能此道矣，雖愚必明，雖柔必強。」

《譯文》

魯哀公請教政事。孔子說：「周文王和周武王的政令，都記載在木版竹簡中了。他們在世的時候，政令就得到貫徹實施；他們去世了，政令就廢弛了。人施政要盡快做政事，土地種植要多長樹木。治理國家的政事，就像蘆葦一樣容易生長。

所以，處理國家政事在於有賢人，要獲得賢人在於修養自身，修養自身在於修養正道，修養正道在於仁德。所謂仁德，就是做人的根本，愛自己的親人是最大的仁愛。所謂義，就是適宜，尊重賢德的人是最大的義。愛自己的親人有差別，尊敬賢人有等級，就是禮產生的原因。

在下位的臣子如果不先得到君王的信任，（君王）就不能得民心而治天下。所以，君子不可以不修養自身。要想修身，就不可以不事奉好親人；要想事奉親人，就不可以不了解他人；要想了解他人，就不可以不懂得天理。

天下有五條大道，用來實踐這些大道的方法有三種，就是：君臣關係、父子關係、夫婦關係、兄弟關係、朋友關係，這五項關係是天下通行的大道。智慧、仁德、勇敢這三種，是天下通行的品德，用來實踐這三種品德的道理只有一個。有的人生下來就知道它，有的人通過學習後知道它，有的人遭遇了困難才知道它，等到他們知道了也就都一樣了。有的人自願去實踐它，有的人爲了利益去實踐它，有的人勉勉強強去實踐它，等到他們都成功了也就都一樣了。」

孔子說：「喜歡學習就接近智慧了。努力實踐就接近仁德了。知道羞恥就接近勇敢了。知道這三點，就知道怎樣修養自身。知道了怎樣修養自身，就知道了怎樣管理別人。知道了怎樣管理別人，就知道怎樣治理天下國家了。

大凡治理天下國家共有九個準則，就是：修養自身、尊敬賢人、親愛親人、敬重大臣、體恤群臣、愛民如子、招雇工匠、優撫遠處的人、安撫近處的諸侯。

修養自身，那麼大道便會樹立。尊敬賢人，那麼就不會困惑。親愛親人，那麼叔伯兄弟就不會怨恨。敬重大臣，那麼就不會遇事茫然。體恤群臣，那麼士人就會以重禮報效。愛民如子，那麼老百姓就會更加勤勉。招雇工匠，那麼財富就會充足夠用。優撫遠處的人，那麼天下四方的老百姓就會來歸服。安撫近處的諸侯，那麼天下人就會敬畏了。

齋戒後穿著莊重整齊的衣服，不符合禮儀的事情不去做，這就是用來修養自身的方法。摒除讒言遠離美色，視輕財富重視德行，這就是勸勉賢人的方法。尊重他的地位，給他豐厚的俸祿，與他的愛憎一致，這就是勸勉親愛親人的方法。安排更多的下屬供他使用，這就是勸勉大臣的方法。忠誠信義並且給他較多的俸祿，這就是勸勉士人的方法。適時適度地役使他並且減少賦稅，這就是勸勉老百姓的方法。每天視察並且按月考核，按勞付酬，這就是勸勉工匠的方法。來時相迎去時相送，嘉獎優秀的人寬容才能不佳的人，這就是是優撫遠處的人的方法。延續斷絕後嗣的諸侯，復興滅亡的國家，治理混亂扶持危難，定期聘問接受朝見，贈送時豐厚納貢時微薄，這就是安撫諸侯的方法。大凡治理天下國家有九個準則，實踐的道理都是一樣的。任何事情預先有準備就會成功，沒有預先準備就會失敗。說話前先想定，就不會不通暢。做事前先想定，就不會受困阻。行路前先想定，就不會遭遇窮途末路。

在下位的人若得不到在上位的人的信任支持，就不可能治理好百姓。得到在上位的人的信任是有方法的，得不到朋友的信任，就得不到在上位的人的信任。得到朋友的信任是有方法的，不孝順父母，就得不到朋友的信任。孝順父母是有方法的，自己不心誠就不能孝順父母。使自身眞誠是有方法的，不知道什麼是善，就不能使自身眞誠。

所謂眞誠，就是上天的法則。做眞誠的人，是做人的法則。眞誠的人，不用勉強做事情就能得當，不用思考就能有所獲得，不慌不忙地做就合乎中庸之道，這就是聖人了。做眞誠的人，就是選擇善的而執著堅持的人。

廣泛地學習它，詳細地詢問它，愼重地思考它，明白地辨別它，切實地實踐它。要麼不學，學了沒有學會就不罷休。要麼不詢問，詢問了沒有明白就不罷休。要麼不思考，思考了沒有明白就不罷休。要麼不辨別，辨別了沒有明白就不罷休。要麼不實踐，實踐了不切實就不罷休。別人一次就能做到，我自己一百次才能做到。別人十次就能做到，我自己一千次才能做到。如果眞能這樣做了，即使愚笨也一定可以聰明起來，即使柔弱也一定可以剛強起來。」

【智慧解析】

這一章在《中庸》全書中是非常重要的，可以說是全書的樞紐，起著承上啟下的作用。這是因為，在這一章之前的各章，主要是從各方面論述中庸之道的普遍性、重要性，以及行中庸之道的必要性，而這一章則從魯哀公向孔子詢問如何為政事這一話題引入，以孔子的回答提出了為政，或者說做事業，其成敗與個人的修養好壞有著密切的關係。然後又推導出天下人共有的五項倫常關係、天下通行的三項品德，以及治理天下國家的九個準則。最後落腳到「誠」的問題上來，說明如何做一個真誠、誠實的人。而從這一章以後，每一章都圍繞著「誠」這一問題展開。因此，這一章不可不細讀。

孔子時代魯國的國君哀公曾經多次向孔子請教為政的問題，這一點只要看一看《論語》一書我們就會有所體會。孔子這一次在回答哀公的問題時首先提到了他一直十分推崇的周文王和周武王，說他們的政績已經被記載在典籍上了，只要去了解，就會有所收穫，這些在前面的文字中也有所表現。但是，政治或者說管理是有可塑性的，換句話說就是有什麼樣的人就會有什麼樣的管理理念，這就好像是蘆葦一樣，隨環境而很快地生長。政治也好，管理也罷，最關鍵的問題是人才與用人問題，也就是說，有了人才，良好的管理狀態就容易實現。

獲得人才是實現良好領導、管理的關鍵，關於這一點我們當然很容易理解，我們也常常說現代社會的競爭在很大程度上是對人才的爭奪。然而，怎樣才能獲得賢德的人才呢？孔子給我們的答案是，統治者首先要修養自身，只有統治者自己在各方面的修養提高了，真正明白了人生的大道和政治統治的核心，認識到了自然、社會的規律與興衰現象，才可能具有廣闊的胸懷、深邃的思想、卓越的領導能力，這樣來招納賢才，賢才才會「慕名而來」，這就是所謂的「得人心者得天下」。

那麼，怎麼才能修養自身呢？孔子告訴我們，修養自身的關鍵在於修養正道，也就是要把心擺正，以正道行事。孔子曾經說過，君子要有淵博的知識，這樣才能通達事理，然而如果有很多知識卻沒有道德原則的約束的話，那麼就容易偏離正道。這其實就是一種既重智又重德的理念。在現實生活中，我們也時常聽到，某ＩＴ精英以所掌握的電腦技術為自己竊取利益或是報私仇；也有人常常議論某某人學歷升高了，道德水準卻下降了；更有人因為熟悉法律法規而輕車熟路地鑽起法律的漏洞來了……所有這些都說明修養正道對於普通人尚且十分重要，對於一個統治者來說其重要性更是可想而知了。

修養正道最根本的就是修仁德之心，仁德既是我們做人的根本，也是當好統治者的根本。管理者有無仁德之心更是管理能否成功的關鍵。堯舜禹湯文武有仁德之心，所以施行的就是仁政，以人道治天下；獨夫民賊商紂王、隋煬帝沒有仁德之心，自然就上演了酒池肉林的鬧劇和對人民施行暴政的慘劇。

那麼，怎樣做才是有仁德的表現呢？孔子說，愛自己的親人是最根本、最大的仁德。我們常說，一個連自己的父母親人都不愛的人，又怎麼可能去愛別人呢。只有能夠愛自己的親人，行「孝」與「悌」，才可能進一步去愛其他人，正如孟子所言的，「老吾老，以及人之老；幼吾幼，以及人之幼」。所以說「仁」是做人的根本。

對與自己有血緣、親緣關係的人，我們要孝或者悌，由此推而廣之，對於那些與我們非親非故、沒有血緣關係的人我們要怎樣對待呢？孔子給我們的答案是要有「義」。什麼是「義」呢？孔子說「義」就是「適宜」，也就是接人待物要適宜，要合乎情與理，有中庸的智慧。而最大的「義」就是尊敬賢德的人。只有看重賢德的人，遠離奸佞無能的人，才是站在正義、道德、倫理、正確的一方，做起事情來自然而然就會合乎「義」。如果對待賢德的人與對待奸佞小人一個樣子，那怎麼能稱得上是「義」呢？所以，我們百姓為人也好，統治者治理天下也好，要想凡事合乎道義，首先就要尊敬、親近、重用賢德之人。

人們待人接物總有親疏主次之分，即使是對自己的親人也因為血緣的遠近、日常走動是否頻繁等等，而有了遠近親疏之分。比如通常來說我們對自己的親生父母的感情就要重於叔伯姑姨，所以我們不可能對每一個人、每一件事都很公平，公平並非是中庸之道，對人對事恰到好處、適可而止才是中庸的智慧。就算是起用賢德的人為官，也要根據他們的能力與工作性質的不同把官職分為不同的等級。比如任用最有才能的人擔任最高的職位，重要的工作就交給他去做，任用才能差一點的人擔任重要性低一點的職位，因此就有了等級，於是相應的禮制、秩序也就產生了。這樣我們就要按照規矩、原則為人處世、待人接物，以保持我們生存其中的社會的安定祥和。後面孔子總結說：「君子不可以不修養自身。要想修身，就不可以不事奉好親人。要想事奉親人，就不可以不了解他人。要想了解他人，就不可以不懂得天理。」這個「天理」，就是天下的規律、做事的道理，中庸之道也包含於其中。

普天之下的人總體上說都要遵循五項倫理關係：在家庭中是父子關係，也就是兒女與雙親的關係。簡單地說，沒有父母雙親就不會有我們每一個人；其次還有兄弟關係，也就是我們和兄弟姐妹的關係；在我們長大成人後又有夫妻關係，夫妻之間的良好關係促進家庭的和睦、家族的延續。由家庭走入社會後，我們有了朋友關係，又在工作中建立起同事關係；在封建社會中存在君臣關係，在封建社會解體之後，我們不再為君臣關係所束縛，但是同樣在工作中存在著上下級關係等等。總之，作為社會人，我們誰都不可能完全脫離這些關係而生存，所以這些關係是否能處理得恰當，自然決定著我們的人生是否是成功的。

我們每個人都想處理好個人與家庭的關係、個人與社會的關係，如何做到這一點呢？孔聖人告訴我們，要用三種天下通行的品德來為人處事。哪三種品德呢？就是智慧、仁德、勇敢。孔子說過：「知者不惑，仁者不憂，勇者不懼。」意思是說：「聰明的人不會疑惑，仁德的人不會憂愁，英勇的人不會畏懼。」這裏所說的「知者」、「仁者」、「勇者」當然不是指小聰明者、小仁小義者和一介莽夫，而是指大智慧者、大仁德者和大勇氣者。大智慧者覺悟了大道，認識了真理，什麼事情都被他看得通通透透，所以對任何事都不會有疑惑；大仁德者有仁愛之心，少私寡欲，與世無爭，不計較個人得失，處處能顧全大局，所以就不會憂愁煩惱；大勇氣者堅持正義，見義勇為，不畏強暴，沒有什麼困難能夠真正嚇得倒他，所以不會有所畏懼。

這些都是我們容易理解的，可是做到「智、仁、勇」並不容易。對此孔子鼓勵我們說，施行這三種品德不分先後、愚賢，無論我們是天才一般地生而知之的，還是天資一般而通過學習知道的，甚至是比較愚笨在碰壁之後才學會的，都沒有關係。就像佛教禪宗那樣，頓悟也好，漸悟也罷，只要悟到了就好；無論是自動自發地實踐它們，還是為了個人利益實踐它們，或者勉勉強強地實踐它們，只要是實踐了，取得的成功就是一樣的。換句話說，只要盡力向「智、仁、勇」的方向努力，取得的成就雖然有大小之分，但都是成功。

那麼，我們就又要發問了——怎樣做才能盡量接近「智、仁、勇」呢？孔子告訴我們，「好學近乎知，力行近乎仁，知恥近乎勇」。無論我們天賦怎樣，如果喜好求學，雖然不一定有大智慧，但也是逐漸接近智慧了；盡力同情別人、愛別人、幫助別人，雖然不一定就是仁德，也離仁德不遠了；知道什麼是羞恥，雖然不一定就是勇敢，但由此而發憤有為，也就是英勇了。關於這第三點，似乎不大好理解。孟子曰：「恥之於人大矣，為機變之巧者，無所用恥焉。不恥不若人，何若人有？」意思是說，羞恥之心對於人來說至關重要啊，搞陰謀詭計的人是不知道羞恥的。不以自己不如別人為羞恥，怎麼能夠趕得上別人呢？一個人只有知道羞恥，才能夠勇敢地面對錯誤、挫折、失敗、困境、壞人壞事等等，做出英勇壯烈的事情，從而免於羞恥。小到一個人如此，大到一個民族、一個國家也是如此。我們常常說要「毋忘國恥」，一個國家，只有知道羞恥，才能夠發憤崛起，富國強兵，富民興邦，其實這都是對「知恥近乎勇」的注解。

修身、齊家是為了實現治國、平天下。知道了這三點，就知道怎樣修養自身；知道了怎樣修養自身，就知道了怎樣處理與別人的關係，也就懂得了怎樣管理別人；知道了怎樣管理別人，推而廣之就知道怎樣治理天下國家了。那麼，治理天下共有九個具體的準則，也就是修養自身，尊敬賢人，親愛親人，敬重大臣，體恤群臣，愛民如子，招雇工匠，優撫遠處的人，安撫近處的諸侯。具體來說：

首先，對於統治管理者而言，修養了自身，自己的行為規範就建立了，那麼大的規矩也就樹立起來了，被統治者自然會瞻其馬首、看其向背。

其次，俗話說得好，「一個人渾身是鐵又能打幾顆釘呢」，所以尊敬賢人，得到智慧賢人的幫助，遇事就不會有困惑。

第三，如果親愛親人，親人之間沒有怨恨，家庭和睦，就不會禍起蕭牆。家永遠是心靈休憩的港灣，是開創事業的有力後盾。

第四，大臣如同君王的手足，所以敬重自己的得力幹將，有左臂右膀可以依靠，遇事就不至於茫然無措。

第五，體恤下屬，下屬自然會以忠誠和努力報效。

第六，愛民如子，老百姓就會擁護統治者，會更加勤勉地工作，不可能犯上作亂，自然基業永固。

第七，古代的工匠既是優質勞動力，他們的才藝又如同我們現代的科技力量一般，所以招雇到工匠，就等於有了科技生產力，財富自然就會充足夠用。

第八，優撫在遠處的人們，天下四方的百姓、英才就會慕名來歸服，自己的力量就得以壯大。

第九，懂得唇亡齒寒的道理，安撫近處的諸侯，近鄰與自己唇齒相依，是國家的藩鎮遮罩，與諸侯和睦，得其擁護，那麼天下人就會敬畏了，敵人也不敢輕易來犯了。

所有這些理念表現出的中庸的智慧，在二千多年後的今天仍然十分適用！

了解到治理天下有這樣九個具體的準則，又怎樣去為之呢？孔子認為，首先要像在齋戒時清淨自身後穿上盛美的禮服坐在朝堂上那樣，清淨自己的心靈，不做不合乎禮儀規矩的事情，這樣做就修養了自身。其二要遠離小人，不受美色的引誘與迷惑，這樣做為的是不受讒言蠱惑，不被假象迷亂；要重視德行才能，輕視錢財，這樣做可以起到激勵勸勉賢人的作用——小人無法得勢，賢人的地位自然會得到肯定與尊重，他們就會忠心耿耿、盡力效勞。第三，尊重親人的地位，給他豐厚的俸祿，與他的愛憎一致，這就起到了勸勉親人的作用。我們不可以因為這一點就用人唯親，而要將其理解為親人之間要相互團結、鼎力相助，家庭和睦了，社會也因此而安定。第四，要隆盛官位，為大臣安排更多的助手以便其派用，這就是勸勉大臣的方法。第五，對待讀書人，要忠誠信義，為他們提供較好的待遇，俗話說「士為知己者死」，這是鼓勵天下知識份子的方法。第六，徵用百姓要適時，百姓農忙的時候，就先不要役使他們，讓他們先忙自己的事兒，並且要適當減少賦稅，這樣就會得到老百姓的擁戴，所以是鼓勵百姓的做法。第七，對於百工匠人，要考核他們的工作狀況，該獎勵的就要獎勵，還要對他們按勞付酬，這就是激發百工工作潛能的方法了。第八，熱情歡迎要到來的人，對要離去的人依依惜別，嘉獎那些工作能力強的人，對於工作能力不強的人採取寬容、鼓勵的態度，這樣內外的人都安心歸順。第九，對於斷絕後嗣的諸侯，要幫他們立後代，幫助他們復興滅亡的國家，平定禍亂，使他們度過危難，讓他們定期來朝見，對他們定期聘問，贈送給他們禮物時要豐厚，而納貢時盡量微薄，這就是安撫諸侯的方法了。

總而言之，這以上的九種方法就是治理天下的法則了。實行它們的道理、宗旨只有一個，那就是下面馬上要提出的「誠」。人無誠而不立，事無誠而不行，有了這個「誠」字，天子、賢人、親人、大臣、百姓、遠人、諸侯都真誠無偽，上下一致，那當然就有了一個繁榮發展、祥和安寧的世界了。

孔子說：「凡事豫則立，不豫則廢」，這句話如今已為大多數人所熟知。也就是說「任何事情預先有準備就會成功，沒有預先準備就會失敗」。即使是對不可預知的突發事情的成功應對，也少不了應變能力的長期積累，所以說由於知道任何事情都可能有突發事件出現，從而培養對意外、危機的應變能力，應該說也是一種「豫」的行為。我們都知道的「宜未雨而綢繆，毋臨渴而掘井」，也講出了這一道理。不論做任何事情，在順遂的時候要想到遇到困難後如何處置，只有事先對事物的每一方面都有所謀劃和準備，才可能防止各種意外情況的發生。莊子說：「安危相易，禍福相生，緩急相摩，聚散以成」，這種樸素的辯證法告訴我們，事情會由於矛盾雙方的相互作用而產生變化，所以我們不得不在事前預先考慮到變化的可能性。舉一個現實例子來說，成功的商人即使在舒適的環境中，也會保持一顆積極進取的心，能夠預測到變化，從而提早推陳出新；平庸的人卻常常有小富即安的心理，結果總是被變化弄得措手不及。

孔子因此而舉例子說，說話前先要想定自己想說的中心思想，打好腹稿，這樣就會說得連貫清楚，否則便可能說得結結巴巴、詞不達意；做事前先想定要達到的目的或效果，做好準備，這樣就不會在行動時受到大的困阻，否則便可能在實踐中栽跟頭；行路前先想定目的地和路線，這樣就不會遭遇窮途末路，否則便沒有成功的可能性。總而言之，就是在言、行、事、道時要有周全的通盤考量。

然而我們還要注意的是，如果只想到事情存在變化的可能性，從而忽略了事物也有相對的穩定與靜止狀態，就陷入了不可知論的泥塘中，那麼就什麼事情也沒法做了，正如西方民諺所說：「預卜一切危險的人將永遠不會航行於大海。」有這樣一個笑話，夜裏有一個人駕車在一條沒有路燈的小路上行駛，突然車的一隻輪胎爆了，他立刻下車查看，發現必須換上備用的輪胎，可是他沒帶千斤頂，根本沒有辦法換車胎。他向遠處望去，看到不太遠的地方有燈光，心想前面一定有人家，就決定去尋求幫助。他一邊朝著燈光走去，一邊心裏嘀咕：「也許我敲門時不會有人給我開門；即使開了門，那家人也許沒有千斤頂；即使有千斤頂，主人也可能不願意借給我用……我究竟應該怎樣辦呢？」他越想越不安，越想越生氣。就這樣一路想下來，當他敲門的那家主人給他開門時，他已經氣憤到了頂點，他一拳向開門的人打去，嘴裏大聲叫道：「留著你那該死的千斤頂自己用吧！」

看完這個笑話，我們在大笑的同時是不是也可以悟出這樣一個道理：做什麼事都要適可而止、恰到好處、合情合理，要做合理的預想安排與恰當的準備，這樣做事才能取得成功，否則就只能成為笑話一個。這也就是中庸之道的真意所在。

在工作中，下級要想辦好事情，就離不開上級的支持與信任，否則工作根本沒有辦法進行，對於這一點我們每一個社會人都會有所體會。不過，怎樣才能得到上級的信任呢？孔子說方法其實很簡單，那就是得到朋友的信任。這一點似乎不太好理解，細想之下又不難理解：一個人如果沒有朋友，或者說得不到朋友這類與他走得最近的人的信任，那麼就說明這個人的為人實在是有問題，他在社會上的交際生存能力極差，甚至人品都有問題，既不誠實又無信譽可言。連朋友都不信任他，他的為人就可想而知了，而且每個人的待人處世態度其實是一以貫之的，所以他的工作狀況也可以預料到好不到哪去。比如，人們對於朋友介紹來的下屬常常格外器重，除了有重人情的原因以外，另一個原因恐怕就在於下屬是自己朋友的朋友，想必一定錯不了。所以說，看一個人能否得到上級的信任，只需看他能否得到朋友的信任，這是不無道理的。

那麼，怎樣能得到朋友的信任呢？方法也很簡單，我們在前面已經懂得了「萬德孝為先」的道理，因此對父母孝順的人，他的為人也就會得到朋友們的信任，原因是對父母的「孝」與對朋友的「信」，這兩者是相通的品質。要做到孝順父母，就要真誠篤實，不可薄情寡義、外有虛文。而要做到真誠篤實，就要明白什麼是「善」。如果一個人連善惡都分不清，就不會有正確的價值評判，也談不上他內心真誠還是不真誠了。

真誠是至高的，它是自然天道的法則，我們可以看到自然天道的法則是大公無私、真實無妄的。比如說，春夏秋冬四季總是不遲不早的如期而至，這就是天不欺我們的一個表現。而人類受命於天道自然，因而「真誠」也就是我們人類做人的法則，是人的「性」，違背「誠」的法則，人們就會受到自然的懲罰。而了解「誠」的道理，就是了解了自然天道的法則，做一切事情便都要順乎自然的規律，不會勉強行事，任何做法都合乎法度，甚至用不著殫精竭慮地思考就能輕車熟路地獲得成功，就能夠從容不迫地依中庸之道來行事了。能做到這些的人就是「聖人」。只有了解「誠」的法則，然後堅定不移、始終一貫，才會成為真誠的人，這就是「擇善而固執」。

當然，我們普通人與「聖人」有很大的差距，所以要想做到「誠」就必須付出一定的努力。孔子告訴我們，要做到真誠得經過五個階段：博學，審問，慎思，明辨，篤行。這五個階段缺一不可，做到了就是「擇善而固執」。盡量去了解萬事萬物的道理，只了解皮毛不夠，要多多提問、深入探求，通過縝密的思考而解決疑惑，這是一個「知」的過程；「知」是為了「行」，所以還要腳踏實地地實踐學來的大道，做到知行合一。

學習的過程中難免會遇到各種的困難，關鍵是要有堅定的恆心，要不達目的不罷休。要麼就不學，學了沒有學會，就不罷休，直到真正學會為止。要麼不詢問，詢問了沒有明白，就不罷休，直到弄懂為止。要麼不思考，思考了沒有明白，就不罷休，直到把握住為止。要麼不辨別，辨別了沒有明白，就不罷休，直到分清楚為止。要麼不實踐，實踐了不切實，就不罷休，直到真正身體力行為止。對於那些天資聰慧的人來說，學會是容易的，對於比較笨的人來說，學會是相對困難的。然而，別人一次就能做到，我們一百次後再做到；別人十次就能做到，我們一千次後再能做到，像龜兔賽跑中的小烏龜那樣就定能勝利。人人都有掌握大道的可能，關鍵在於是否願意付出努力和代價。這正如荀子所言：「鍥而捨之，朽木不折；鍥而不捨，金石可鏤」，學習的真正意義就在於此！這樣做了以後，即使愚笨也一定可以聰明起來，即使柔弱也一定可以剛強起來。

這樣說來，我們每一個人都會掌握大道、獲得成功，只是有一個前提——要下苦功、付出代價，更要「笨鳥先飛」，否則只會一事無成。也就是說，只要肯吃苦，道就不會遠人，那麼怎麼可能不成功呢！

第二十一章——自誠明，自明誠

原文

自誠明，謂之性；自明誠，謂之教。誠則明矣；明則誠矣。

《譯文》

由眞誠而明白了道理，這叫作天性；由明白道理而內心眞誠，這叫作教化。眞誠就會明白道理，明白道理就會眞誠。

【智慧解析】

在上一章中，孔子說到真誠是自然天道的法則，一個人如果天生真誠，從而由真誠達到明白道理，做事情時就會「不思而得，從容中道」。由於天性的真誠而自然地了解社會人生的常道，這就是「性」。這種人就是「自誠明」的人，他們可以說是天生具有「誠」的慧根的人，因而為人處世時持中、穩健、理性、包容。這樣的稟性使他們看待事物時不會偏頗，總能看到事情的本質。所以不用刻苦學習就可以達到中庸智慧的境界。

然而，我們中的大多數人可以說並沒有「誠」的天賦，並不知道「真誠」二字是自然界的法則，所以就必須通過博學、審問、慎思、明辨的這一學習、體會的過程。認識到真誠的自然天性，從而明白人情事理，領悟到人生需要真誠，萬事需要誠意，然後再反過來看一看自己的處世態度與行為方式，最終才能做到篤行「誠」這一法則。這就是自然教化的結果，也就是「教」。

無論我們是生而知之，還是學而知之；無論我們是自然而然地頓悟，還是後天努力後得到了漸悟，總而言之，真誠與社會人生的大道是無法分離的。真誠既是天道運行的法則，又是人道運行的法則。只有為人真誠才可以說是一個真正的人，也才能夠獲得人生的智慧，從而擁有成功的人生。

早在兩千多年前，我們的哲學家們就注意到了真誠的重要性，他們認為真誠是一切道德的基礎，也是一切事業成功的保障。在我們生活的現代社會中，真誠的缺乏似乎一直困擾著人們，我們生活的各個方面都在呼喚「真誠」、「誠信」。在我們的身邊，學生考試作弊，一些人借貸後不還，有些人花錢「辦」假證，不法食品生產加工者在食品中添加工業原料……這些不「誠」的現象影響極壞。其實中國是一個誠信資源極其豐富的國家，我們的祖先告訴我們，真誠、誠實、誠信是最根本的道德原則，是達到中庸的境界的基礎，而中庸之道又是人生成功的途徑。

西晉大臣、文學家傅玄在他的著作《傅子．義信》中引用了兩個歷史典故來說明為人處世不可不「誠」的道理。一個是昏庸的周幽王為了博取寵妃褒姒的一笑，以烽火戲弄諸侯，失信於諸侯以至亡國的故事。另一個是春秋時期，齊襄公令連稱、管至父戍守葵丘，當時正是瓜熟的時節，齊襄王答應他們明年瓜熟時由他人接替，結果失信，二人便以此為藉口作亂並殺死齊襄公的事例。傅玄以此得出結論說，如果君王誠信，那麼萬國安寧；如果諸侯誠信，那麼國境之內和平。治天下的「誠」如此，我們普通人雖然沒有失天下之虞，但是不「誠」也會影響到人生的成敗。比如說，在工作中不可以弄虛作假、偷奸耍滑、陽奉陰違。《管子》說：「非誠賈不得食於賈，非誠工不得食於工，非誠家不得食於農，非信士不得立於朝。」說的就是如果不誠信，從經商到務農什麼事也做不成。只有以「誠」的態度對待自己的工作，才可能事業有成。所以說誠是百得之源、成事之本，一點也不為過。

北宋的哲學家程顥、程頤說過，「學者不可以不誠，不誠無以為善，不誠無以為君子。修學不以誠，則學雜；為事不以誠，則事敗；自謀不以誠，則是欺其心而自棄其忠；與人不以誠，則是喪其德而增人之怨。」意思是說，修學、為人、謀事、待人都必須「誠」，否則就會為人不善、修學不精、為事不成、自棄其忠、增人之怨。看來，古人經過實踐認識到了「誠」是一切事業得以成功的重要保證，誠信是一個人做人成才，謀事成功的根本。

我們如果有個一官半職，更要以「誠」工作、待人。清朝康熙皇帝在《庭訓格言》中說：「在下者，常視上意所向而巧以投之，一有偏好，則下必投其所好以誘之。」也就是說，如果在上位者有特別的或者不正當的喜好，不以中庸之道為官，那麼下屬就會虛偽地對待他。所以，為官也要以「誠」處世。

對待親人我們也不可不「誠」，唐代的魏徵曾經說過：「夫婦恩矣，不誠則離。」所以夫妻、父子、兄弟之間也要以誠相待、真誠守信，才能和睦相處，以至家和萬事興。如果家人彼此之間缺乏真誠、互不信任，家庭就會逐漸崩潰。當然，最容易被我們理解的就是要以誠待友。以誠待友是雙向，我們自己以誠待友，就會得到朋友的以誠相報。

總之，我們自我修養、齊家、交友、經商、為政，要想有所成功就離不開「誠」這一美德。這正如《聖經·舊約》中所言：正直人的純正，必引導自己；奸詐人的乖僻，必毀滅自己。

因為「誠」是上天賦予我們的自然法則，所以真誠、誠信的人的心靈、情感與理性、行為是合一的，是一種和諧的統一。不真誠的人卻常常在自我的利益索取與社會規律之間的矛盾中「痛苦掙扎」，結果總是事與願違。

晚清重臣曾國藩可以作為我們學習中庸之道的榜樣。曾國藩的成功，得益於他對成功經驗的一點一滴的積累，他把這些成功經驗總結成了許多個「字訣」寫進日記或者家書、書信中，用來提醒自己或者教導子弟朋輩。在咸豐十年（一八六〇年）九月他在日記中寫道：「睡後，思八年年定『敬、恕、誠、靜、勤、潤』六字課心課身之法，實為至要至該。」可見，曾國藩把「誠」字提煉成了謀略術語，他認為無論是「勤」字還是「慎」字，必須以「誠」字為本，才有用武之地。

無論是做人、治軍還是治國，曾國藩所信奉的都少不了一個「誠」字。他把《中庸》中的「誠」字作了比較深入的說明，可以幫助我們理解為人處世「誠」的重要性，以及「誠」為什麼是自然之法。曾國藩說：「誠者，不欺者也。不欺者，心無私著也。」意思是說，真誠的人是不欺的，因為他心中沒有「私」字。為什麼這樣說呢？因為「若心中不著私物，又何必欺人哉？其所以自欺者，亦以心中別著私物也。」他又說：「無著則靜矣，抑亦誠矣。」還說：「誠便是忠信。」也就是說，曾國藩認為這個「誠」字是和不欺、不著私物、忠信聯繫在一起的。他說：「無私著者，至虛者也。是故天下之至誠，天下之至虛者也。」這句話我們怎麼理解呢？曾國藩進一步解釋說：「靈明無著，物來順應，未來不迎，當時不雜，既過不戀，是之謂虛而已矣，是之謂誠而已矣。」看來，曾國藩所說的至誠就是至虛，實際上就是指要順應自然，心地誠明。

從治國、管理的角度來說，曾國藩認為「古者英雄立事，必有基業。如高祖之關中，光武之河內，魏之兗州，唐之晉陽，皆先居此為基，然後進可以戰，退可以守。」那麼這個「基業」到底是什麼呢？曾國藩解釋說：「大抵以規模宏大，言辭誠信為本。如居室然，宏大則所宅者廣，托庇者眾；誠信則置址甚固，結構甚牢。」也就是說，曾國藩認為只有「誠」這個穩固的根基，才可能建功立業。

對於個人的修養，曾國藩也十分強調一個「誠」字，他曾經自我反省說，往年的所作所為，涉覽書冊，講求眾藝，哪一件不是欺人之事？高談闊論，空言自許，哪一句不是騙人的話？半夜思考，汗如雨下。如果真能存誠而不自欺，那麼聖學王道還有別的秘訣嗎？他經常告誡部下及親友，無論中國外國，無論古人今人，無論大官小官，有才無才，危急之際，不「誠」便一錢不值。比如他曾對李鴻章說：「若無自立、推誠二者為本，而徒以智術籠絡，即駕馭同里將弁且不能久，況異國之人乎？」曾國藩有一句話透徹地說出了「誠」的真諦，那就是「凡人以偽來，我以誠往，久之則偽者變共趨於誠矣。」看來，曾國藩是因為一個「誠」字，才擁有了過人的人格力量，也獲得了成功的人生。

總之，無論是從誠而明，還是從明而誠，其效驗並沒有區別。只要堅持此道，身體力行，就會獲得美好的人生。

第二十二章——至誠可與天地參

原文

唯天下至誠爲能盡其性。能盡其性，則能盡人之性。能盡人之性，則能盡物之性。能盡物之性，則可以贊天地之化育。可以贊天地之化育，則可以與天地參矣。

《譯文》

只有天下最眞誠的人，才能充分發揮他的天性。能充分發揮他的天性，就能充分發揮眾人的天性。能充分發揮眾人的天性，就能充分發揮萬事萬物的天性。能充分發揮萬事萬物的天性，就可以幫助天地化育萬物。能幫助天地化育萬物，就可以與天和地並列爲三了。

【智慧解析】

真誠、誠信對於我們每一個人來說都是走向成功的至關重要的因素。我們每個人都有這樣的體會：在生活中我們僅僅是講了一次信用，真誠地對待了一次他人，誠懇地稱讚了一次別人，真誠地幫助了一次他人，真誠地向人家道一次歉……他人對我們的態度、看法就發生了改善，這樣的「小誠小信」都能得到了很大的回報，那麼做一個天下最真誠的人會怎麼樣呢？《中庸》告訴我們，一個天下最真誠的人可以與天、地並列為三了。可見這個「誠」字有多麼大的力量。

「誠」是自然萬物的秉性，人們要想主宰自己的命運，就得合乎自然規律，那麼順應了誠的秉性自然就是順應了天意。在這個前提下才能夠盡量讓自己以本性進行活動，順乎自然而無所不能。否則，即使掙扎苦鬥其結果也是枉然。至誠的人首先對自己是真誠的，這種真誠表現在不自欺。我們每個人身上都有優點與缺點，也有自己的特點，這是大自然賦予我們的。至誠的人敢於坦誠地接受上天賦予他的一切，對待自己是「中庸」的，既不會自以為「老子天下第一」，也不會認為自己處處不如他人，自視低人一等、差人許多。對於優點他會發揚，並且把優點的益處傳遞給他人；對於缺點他不會藏著掖著，而是勇於克服，然後把克服缺點後的益處與他人分享。所以，至誠的人使自己本性中的優勢部分發揮到了極致，使劣勢部分被抑制到了極致，因此自然而然地獲得了成功。

正如曾國藩所說，達到了「至誠」的境界，就好像到了「至虛」的境界一樣——事情發生了，就去接受、應對；事情沒有發生，也不去著急盼望、拔苗助長。處在處理事情的階段，不會手足無措、缺乏條理；事情過去了，也不會懷戀、耿耿於懷。既不去欺騙他人，也不自欺欺人，更不去無端地疑人防人。這樣當然就可以把自己的自然天賦毫無遺漏地發揮出來，從而成就一番事業。

日本著名的音樂指揮家小澤征爾年輕時去歐洲參加過一次音樂指揮家大賽。在決賽的時候，小澤征爾被安排在最後一個演出，當他拿到評委交給的樂譜後，稍微準備，便全神貫注地指揮起來。突然他發現樂曲中出現了一點不和諧。經過考慮，他報告說樂譜有問題。可是，在場的作曲家和評委會的權威人士都認為樂譜沒有問題。面對幾百名國際音樂界的權威人士，小澤征爾不禁對自己的判斷產生了懷疑，然而他考慮再三，仍然確信自己的判斷是正確的，於是斬釘截鐵地大聲說一定是樂譜錯了。結果評委席上的評委們立即站了起來，向小澤征爾報以熱烈的掌聲，祝賀他獲得了第一名。原來這一切都是評委們精心設下的一個考題，用來測試指揮家們在發現錯誤而在權威人士不承認的情況下，是否仍能堅持自己的正確判斷。小澤征爾的做法應該說是「至誠」了，既不欺人也不自欺，可謂發揮了自己的天性，所以獲得了應得的成功。

誠的態度可以使一個人的天性得以充分發揮，一個人發揮了自己的天性，就能發揮他人的天性。因為真誠、誠實、誠信的人明白人類都生於自然、長於自然，人與人之間是平等的，有著共同的利益和命運。自然界對待人類的態度是順其自然，不欺人也不自欺，任由其自生自滅，享其天年，所以他們也以同樣的態度對待他人，從而任由他們發揮自己的天性。說到這裏，我們又不得不提起以「誠」字自修、自勉、勵人的曾國藩。

曾國藩的待人之道提倡「以誠換誠」，他不僅對朋友、同僚如此，即使是對待地位卑微的僕人也是同樣。然而，曾國藩年輕的時候卻並非這樣，那時的他性情暴躁，對待僕人非常嚴厲，後來隨著涉世漸深，才漸漸有了重大改變。在曾國藩早年的日記中，我們可以看到他多次記有責罵僕人的事情，不過他的每篇日記都有自我反省。有一次他的僕人陳升因為受到他的責罵而不辭而別，這件事促使曾國藩開始徹底地反省自己的待人之道。他在給弟弟的家書中寫道：「門上陳升一言不合而去，故余作《傲奴詩》。現換一周升作門上，頗好。余讀《易・旅卦》『喪其童僕』。象曰：『以旅與下，刻薄寡思，漠然無情，則童僕亦將視主上如逆旅矣。』余待下雖不刻薄，而頗有視如逆旅之意，故人不盡忠。以後余當視之如家人手足也，分雖嚴明而情貴周通。賢弟待人亦宜知之。」從這段話中我們可以看出，曾國藩把以誠待人推及僕人身上，儘管主僕關係是不可改變的，但卻可以以「誠」換取僕人對主人的忠心。這便是至誠者「能盡人之性」的典型例證。

好的品質是一種習慣，真誠的人因為對自己真誠，發揮了自己的天性，從而對他人真誠，發揮了他人的天性，然後對天下萬事萬物真誠，發揮了自然萬物的天性，最後的結果就是達到了人與萬事萬物和諧、協調、一致的發展，沒有過分也沒有不及。那麼，這樣人就等於是替天地自然行造化之權了。做了自然要做的事情，幫助大自然造化養育萬物，因此就可以與天、地並列為三，可謂功不可沒。人是天地靈秀之氣的凝聚，與天、地鼎足而三，這便是行中庸之道的人的偉大之處。

反過來說，我們人類怎樣才能與天、地並立呢？那就是要以真誠的心態對待事物和他人，發揮自己的天性與潛能，也使他人盡其天性，推而廣之使萬物按照他們自身的規律發展。也許我們無法做到「至誠」，但是為人處世卻一定不能忘掉一個「誠」字。

第二十三章——唯天下至誠為能化

原文

其次致曲。曲能有誠。誠則形。形則著。著則明。明則動。動則變。變則化。唯天下至誠爲能化。

《譯文》

比最眞誠的人次一等的人可以從事物的某一端入手。從事物的一端入手也能做到眞誠。做到眞誠就會表現出來。表現出來就會逐漸顯著。顯著了就會發出光亮。發出光亮就會感動人心。感動人心就會引起變化。引起變化就能化育萬物。只有天下最眞誠的才能化育萬物。

【智慧解析】

什麼是「致曲」呢？能成為天下最真誠的人的，恐怕只有聖人了。而比聖人次一級的人，就不可能自然而然地完全發揮、發展自己的天性。所以比聖人次一級的人就只能先從事情的一端入手，先專心於一端，然後再由一端到達另一端，最後達到整體的「誠」的狀態，這就是「致曲」。這是由部分至整體的方法，其成效與至誠的聖人是一樣的。

也就是說，我們普通人雖然不能成為天下至誠者，但卻可以從生活的某一個方面入手，積部分為整體，達到誠心、真誠的境界。從日常小事做起，從心態調整開始，就能以點帶面，達到整體的真誠。

內心的真誠一定會從行為上表現出來。我們都知道這樣的道理：語言可以欺騙人們的眼睛，但行為卻總能暴露出一個人的真實的想法。所以，一個人如果真正從心底裏有真誠的態度，就一定會反映到行動當中的。我們很難想像一個內心真誠無欺的人，卻在行為中做欺世盜名的勾當。並且，在某一次的行動中表現出真誠的態度和誠實、誠信的品格，就一定會在做其他事情時有所表現，結果這種品格就會逐漸發揚光大，逐漸顯著。一個人的真誠可以感染其他人的情緒，就好像我們一直提倡的雷鋒精神一樣，可以說是光輝四射的，所以就會逐漸感動身邊的每一個人，在感動了身邊的每一個人之後，人們就會繼續相互感染，都報以真誠的心態，直到影響到我們生活中的萬事萬物。

也就是說，先從小事做起，改造自己，完善自己，然後感染他人，完善他人，直至化育天下萬物。以一個形象的比喻來說明，把我們自己能以「誠」入手去做的事情看作一個小小的圓點，通過對誠的境界的不斷追求，這個圓點的周邊就會像靶子的圓環一樣不斷地擴大。

這樣的理論看似難以理解，然而只要我們細心觀察生活就會發現它確有道理。美國著名演說家丹尼．考克斯在他的著作《你的潛在力量》中寫了這樣的一個事例：一位名叫薩莉的女士曾經總是抱怨自己不受別人的歡迎，直到有一天早上她忽然覺得要用與以往不同的態度去對待人和事情，那就是真誠的態度。就在那一天，她做了許多以前沒有做過的事情，比如寫信真誠地鼓勵生病的朋友，為一位大學同學真誠地禱告，真誠地請求孩子寬恕自己的暴躁等等，結果她發現這些人對她的態度因此而有所改善。也就是從那一天起，真誠成為她努力堅持的待人接物的習慣，而她的人際關係也因此而有了巨大的改善。

以真誠的態度與人交往可以獲得情感的回報，以真誠的態度經商也會獲得財富的回報。當今的社會中，有些人對真誠缺乏認識，凡事總以自我為中心，只注重經商的技巧、權謀，甚至詭計，總想用盡方法擊倒對手。然而，如果失去了真誠無欺的心，是不可能獲得生意的長久成功。我們都知道李嘉誠是一個成功的企業家，然而在他創業初期也曾年少氣盛、急於求成，結果是忽略了產品的「誠」——品質。所以，創業後一度一帆風順的長江塑膠廠遭到了重大挫折，許多客戶紛紛拒收長江塑膠廠的產品，甚至要求長江廠賠償損失。李嘉誠的倉庫中堆滿了因品質欠佳而無法銷售的塑膠成品。一時間工人們也人人自危，士氣不振。工廠更處於遭銀行清盤的生死存亡的關頭。這時，母親告訴李嘉誠，真誠是做人處世之本，是戰勝一切的不二法門。於是，李嘉誠痛定思痛。他首先向員工坦誠地承認了自己的經營失誤，真誠地希望大家與他同舟共濟，共度難關；接著，他一一拜訪銀行、客戶、原料供應商，向他們道歉，請求原諒和幫助；第三，他清理倉庫中的積壓產品，淘汰品質不過關的，選出品質過關的來銷售。就這樣，李嘉誠終於轉危為安，他也在實踐中體會到：誠是做人之本，也是經商之本。以誠經商則信立，於是朋友雲集，機遇迭至，成功自然會來到。

可以說，「曲能有誠」的道理適用於一切我們學習與實踐的過程。正所謂「曲徑通幽」，我們先致力於某一個方面，通過形、著、明、動、變、化這六個階段，同樣可以一步步地達到聖人的那種至誠的境界，也就是化育萬物，與天地並列為三。

第二十四章——至誠如神

原文

至誠之道可以前知。國家將興，必有禎祥；國家將亡，必有妖孽。見乎著龜，動乎四體。禍福將至，善必先知之；不善，必先知之。故至誠如神。

《譯文》

最眞誠的境界，可以預知未來的事情。國家將會興旺發達，一定會有吉祥的預兆；國家將要衰亡，一定會有妖孽出現。呈現在蓍草或龜甲的占卜上，體現在人的四肢動作上。禍或福將要來臨時，是好的，一定會預先知道；是不好的，也一定會預先知道。所以說最眞誠的就好像神靈一樣。

【智慧解析】

古時候的人們由於對自然、社會現象的理解把握程度不高，常常無法左右事物的發展，因而要借助占卜與筮蓍來判斷事物的吉凶禍福，幫助自己安排生產和生活。占卜的人首先要心地真誠、無私無慮，所謂「心誠則靈」，這樣才能得到正確的預測推算結果，自然是成敗、得失、榮辱可知。而「誠」字在起源時最初強調的就是祭祀者對於祖先、神靈的誠信不欺、虔敬，只是到後來才發展成為人們的內心狀態的專有說法。如果占卜時三心二意、心存雜念，只是走過場，那麼算出的結果就不靈驗，當然也一定不能給人們以正確的行動指導。從這個角度來說，就是至誠如神的。這樣的說法當然帶有神秘色彩。

拋開不符合科學的思想來說，天下最真誠的人能夠幫助天與地化育萬事萬物，就是真正與自然融為一體了，那麼自然界所以發生的一切，就好像他的親身經歷一樣，來龍去脈清晰明白，因為他知道，宇宙中的一切都有它們自身的「規律」來控制。把握了這個規律，那麼前前後後所發生的事情，以及事物的來龍去脈就無所不知了。

這樣的說法似乎又有些玄妙了，很不好理解。那麼說得具體一些，一個人一旦有了真誠的心靈，是真實無妄、去偽存真的，那麼他的雙眼就不會被眼前的小利小益、事物的表面現象、人們所作的表面文章等等的東西所迷惑。他可以冷靜地觀察、分析、判斷，洞悉世間萬物的根本規律，看問題時往往能直指主旨、一針見血，沒有什麼雜七雜八的事情可以令他分心。正因為真誠的人不會被迷惑，所以他們就好像可以預知未來的吉凶禍福，能夠準確地把握事物發展的脈絡，這就是「誠」的力量！

宇宙自然的規律是「國家將興，必有禎祥；國家將亡，必有妖孽。」國家將要興旺時，一切都處在蓬勃向上的狀態之中，到處一派欣欣向榮的樣子，就彷彿祥瑞降臨了一般；國家將要滅亡，一切都會呈現衰敗將死的狀態，就彷彿被妖孽禍害著一樣。有傳說講，周朝將起而鳳鳴岐山；漢家將成而斬蛇芒碭；周文王夢渭水飛熊而得姜子牙；在《紅樓夢》一書中，曹雪芹也用許多徵兆來暗示賈府的興衰等等，這實際上說的是一個國家、一份事業，總有一個關係網，其成敗總有原因，有原因就會有所表現。比如說，一個國家、一份事業將會成功，就會有賢明的人出現；而一個國家、一份事業注定衰敗，總有奸人妖言惑眾。真誠的人會從中看到事情發展方向的端倪，看出事物的前途命運；而那些不誠的人，卻常常沉溺於表面上的虛假繁榮中，醉生夢死，不知死期將至。

舉一個現實的例子來說，前不久突如其來的印度洋大海嘯奪去了許多寶貴的生命，毀滅許多財物。這場大災難震驚了全球，然而海嘯發生前其實是有很多徵兆的。比如，一個十歲的英國小女孩在海嘯發生前正在海灘上遊玩，她發現海水開始出現異狀，泛起大量泡沫，並且海潮突然退走，這與她在上課時學到的地震與海嘯的知識相吻合。於是，她告訴媽媽海嘯即將來臨，結果，她不只救了她自己和父母，也挽救了泰國普吉島麥考海灘和附近一所旅舍數百人的生命。也是在這場海嘯發生前，泰國南素林島上的一個少數民族摩根族人，也發現了海嘯的預兆，村長當機立斷帶領島民逃到內陸的一座山上，也躲過了這場世紀大災難。看來，只要人們用一顆真誠的心去體會身邊的事物，就會像神靈一樣可以「預知」未來。

另外，我們常說「言為心聲，行為心相」，我們的意識決定著我們的行為舉止，行為模式是受思想支配的。就像佛教所講的「相由心生」一樣。那麼，一個人的成敗也會從他的行為是否合乎大道而看得出來。比如說，孔子根據學生子路的日常行為舉止剛猛得過了火，而斷定子路將來會不得好死，事實真的被孔子言中了，就是這個原因。

總而言之，這一章實際上還是在強調至誠的功效，是說有了至誠的心態，就可以預知吉凶禍福的發生規律，靈妙如神。

第二十五章——誠者自成，合內外之道

原文

誠者自成也，而道自道也。誠者，物之終始。不誠無物。是故君子誠之爲貴。誠者，非自成己而已也，所以成物也。成己，仁也。成物知也。性之德也，合外內之道也。故時措之宜也。

《譯文》

眞誠，是自己成就自己。大道，是自己引導自己。眞誠，是事物的開端和結尾，沒有眞誠就沒有事物。所以，君子把眞誠視爲最珍貴的。眞誠，不是成就自己就可以了，也是用來成就萬物的。成就了自己，是仁。成就了事物，是智慧。這是發自天性的品德，是統一內心與外在的道理。所以在任何時候實施都是適宜的。

【智慧解析】

「誠」就是指真實無妄的真誠、誠實、誠信，它居然可以神妙到使人預知未來，可見這個「誠」字對於我們為人處世十分重要。然而做到誠又是十分容易的，也就是只要順應自然，不矯揉造作，不虛妄行事，就像宇宙自然一樣，順應真實無妄的誠的本性，按照大道規律運行，合乎自然規律即可。所以說，無論是宇宙自然，還是如同滄海一粟一般渺小的我們，只要以誠行事，就會自己成就自己。因為「誠」的道理包含於自然大道之中，所以以大道行事就是自己引導自己。也就是說，真誠是自然而成的，大道是自然運行的。

天地萬物的生長與消亡、事情的開端與結尾、人的出生與死亡，總是有一定的規律，這就像唐代著名詩人杜甫所說的「好雨知時節，當春乃發生」一樣，有其必然的發展路徑，這是一種唯物的道理。離開了真實無妄的本質，一切事情就不可能正常發展了。有智慧的君子因此而十分看重「誠」的道理。正如孟子所說，「誠者，天之道者；思誠者，人之道也。」

我們發掘出自己本性中的「誠」，做到誠意正心，保持正道而行，就是表現出自然規律中的真實無妄的品德，這是人道效法天道的表現，也就是做到了天道與人道的合一。這樣做的結果是什麼呢？我們因為這個「誠」字而不欺騙自己，不欺騙他人，不妄為那些不合乎規律的事情，結果在社會政治、經濟、文化等交往活動中，也獲得了他人的「誠」。於是我們和他人之間，互相尊重、真誠相待、不搞陰謀詭計，不相互算計，這給我們自己的各種工作、交往活動帶來了方便，也建立和擴大了我們自己的道德信譽，幫助我們成就自我，獲得成功。做到了「誠」，我們自然而然地成就了自己，而在成就我們自己的同時，我們所生存的環境中的公共道德也得以提升，社會風氣也因此而得到淨化，社會秩序基本處於安定狀態。換句話說，我們人類社會得以良性運行。人類社會的良性運行使得我們所依存的宇宙自然不會受到人為的、無必要的、不良的干擾與破壞，所以宇宙自然也依照自己的規律正常發展。

反過來說，不真誠和肆意妄為注定帶給我們不幸，改變我們本該正常發展的命運。比如一些人因為對權力、金錢的瘋狂追求而去做傷天害理的事情，結果招致正義的懲罰；再比如一些人自以為能主宰自然而狂妄地「改造」自然，結果導致自然生態的破壞，使我們居住的環境變得越來越惡劣。

一位科學家講述了他在考察的時候遇到的一件事：一個處於最基層的植樹造林隊的隊長提出來要「退耕還沙」的治沙觀點。這個觀點似乎很難被我們所理解。那位植樹造林隊的隊長經過多年實踐總結而發現，那個地方原來種了莊稼，可是後來沒有水了，土地自然沙化了，想引黃河的水來灌溉，經濟成本太高，無法實現，而「還林」也是不可能的，因為種樹根本無法存活，如果改為種草，這麼大的面積也不容易成功。然而，如果根本就不管它，只是自然而然地將它還原成沙地，其實那種沙地上並不是什麼植物都不生長，它也會零星地長出一些植被，從而固植了沙土。為了證明自己的觀點，這位隊長還舉出了一個例子，在當地有一個公司，花了許多錢租了一片面積很大的沙化農田，對其進行改造，結果把土地全部翻耕了一遍，卻什麼也種不出來，沒辦法只好全部棄之不管，放棄後的土地反而全部變成了真正的不毛之地，而那些原來沒翻動過的地方，卻長出一些草，而且還有地表結皮，這其實就是大自然界送給我們用來阻擋沙塵暴的處於沙漠和綠洲之間的「過渡帶」。人為的改造其實在一定程度上主觀地破壞了這條對於穩定綠洲十分重要的天然過渡帶，對它的「綠化」做得不好就會把本該屬於我們的綠洲賠進去。

從這件事情中我們可以真實地體會到，大自然始終真誠不欺地遵循著「誠」這一天道本性，是絕對真實無妄的，這正如沙化的土地有著它自己的一套生態體系、生態規律一樣，只有當我們人類忘記了真實無妄的「誠」的人道本性時，荒漠就會化生出沙塵暴等自然災害來還給我們。關鍵是，我們人類要遵循我們所發現的「天道」規律，遵循並合理利用「天道」規律，這才符合中庸的大道。因此，我們常說的「命運是掌握在自己手中的」以及「人定勝天」的道理，必須以真實無妄的「誠」為前提，否則只能得到天道與人道的報復。所以說，「誠」成就了我們，成就了社會，成就了大自然。

在前面第二十章中寫道，子曰「好學近乎知，力行近乎仁」，而這一章就把智慧、仁德與「誠」結合起來了。以「誠」成就了自己，就是仁德；成就了萬事萬物，就是智慧。因為真誠既是事物的根本規律，也是我們個人內心的修養的完善。「誠」這一為人處世法則是一種看不見、嘗不出、摸不著，也聽不見的東西。但是它的所到之處卻都會留下痕跡，它是不可能被偽造的，內心之中有「誠」字，就必然會在外在的行為中表現出來，「誠」指導著遵循它的人正確地生活、工作、對待人生等等。

當我們學習到「誠」的道理時，再通過行動加以實踐，那麼「誠」的大道就內化為我們自己的修養，我們就會變得誠樸、誠信、精誠，並且擁有了人生的真正智慧，那麼也就做到了物我同一、天人合一。這也是真誠的奇妙之所在。

第二十六章——至誠無息

原文

故至誠無息。不息則久，久則徵。徵則悠遠。悠遠，則博厚。博厚，則高明。博厚，所以載物也。高明，所以覆物也。悠久，所以成物也。博厚，配地。高明，配天。悠久，無疆。如此者，不見而章，不動而變，無爲而成。

天地之道，可一言而盡也。其爲物不貳，則其生物不測。天地之道，博也、厚也、高也、明也、悠也、久也。今夫天，斯昭昭之多，及其無窮也，日月星辰繫焉，萬物覆焉。今夫地，一撮土之多，及其廣厚載華嶽而不重，振河海而不洩，萬物載焉。今夫山，一卷石之多，及其廣大，草木生之，禽獸居之，寶藏興焉。今夫水，一勺之多，及其不測，黿、鼉、蛟、龍、魚、鱉生焉，貨財殖焉。

詩云，「維天之命，於穆不已。」蓋曰，天之所以爲天也。於乎不顯，文王之德之純。蓋曰，文王之所以爲文也，純亦不已。

《譯文》

所以，最大的眞誠是沒有止息的。沒有止息就會長久，長久就會有效驗。有效驗就會悠久長遠。悠久長遠就會廣博深厚。廣博深厚就會高大光明。廣博深厚，所以可能承載萬物。高大光明，所以可以覆蓋萬物。悠久長遠，所以可以生成萬物。廣博深厚與地相配。高大光明與天相配。悠久長遠沒有界限。像這樣的，不表現也會彰顯，不行動也會改變，無所作爲也會有所成就。

天地的道理，可以用一句話來概括。它自身專一不二，所以衍生出的萬物多得不可估測。天地的道理，就是廣博、深厚、高大、光明、悠長、長遠。今天所說的天，是由一點一點的光明組成的，至於它無窮無盡，日月星辰都由它維繫著，世上萬物都由它覆蓋著。今天所說的地是由一撮一撮的土累積起來的，至於它的廣博深厚，承載著華山也不覺得重，收納江河湖海也不會洩漏，世上萬物都由它承載。今天所說的山，是由小石塊累積起來的，至於它的廣大，草木在上面生長，禽獸在其中居住，寶藏從其內開發出來。今天所說的水，是由一勺一勺的水聚積起來的，至於它的深不可測，黿、鼉、蛟、龍、魚、鱉等在其中生長，各種有價值的財物在裏面繁殖。

《詩經》中說，「天命啊，深遠不止息。」這大概是說天之所以是天的原因吧。難道不顯赫光明，周文王的品德十分純潔啊。這大概是說的周文王之所以被稱爲「文」的原因吧，純潔而沒有止息。

【智慧解析】

實誠無妄的「至誠」是貫穿於天地萬物之中的，是自然支配、主宰天地萬物的法則。我們在嬰兒的時候都能表現出真實無妄的至誠本性，然而隨著年齡的增長，我們漸漸被欲望與外物所左右，忘記了誠的天性。天地萬物，當然也包括我們人類，只要恢復了真誠的本性，也就會與天地共長久，與自然共命運。這就要求我們「生命不止，為誠不已」，真正把「誠」作為我們的為人處世的法則。

這一章講出了最大的真誠的特點，那就是沒有止息，而沒有止息就會耐久恆長，這就是「生生不息」，因為執著於真誠是不會停息的。那麼，只要長久的堅持就會逐漸顯露出效果來。這就好比我們持之以恆地學習某種知識或者技能，學習的效果是早晚會顯現出來的。而效果與堅持又是相互促進的：堅持產生效果，效果幫助堅持。我們都有這樣的體會，當我們堅持某一項活動時，比如說是鍛鍊身體，雖然十分辛苦，但是我們一旦切身體會到鍛鍊的效果，就會進一步地努力堅持。至誠就是這樣——因為有效驗而悠久長遠。又因為長遠而廣博深厚、高大光明起來，廣博深厚如大地一般，高大光明如天空一般，歷時悠久而不受時間的限制，它是世間萬物的綱領和主旨，起到了承載萬物的作用。因此，至誠之道就是想隱藏自己也不可能，因為它就是宇宙的本原。

如果把天地運行的大道用一個字來概括，那就是「誠」。從真誠出發便有了悠久、廣博、深厚、高大、光明的德行，我們可以想像的到，一個悠久、廣博、深厚、高大、光明的東西，確實就是無所不及、無所不包的。

至誠既有微小易行的一面，又有沒有限量的一面。就天而言，我們所看到的是一點光亮，可是從大的方面來說，日月星辰都綴於其上，整個世界都被天所包容；就地來講，我們用手只能抓到一把泥土，可是地卻遼遠而深厚，承載著山川、河流、大海；說到高山，我們也許只能撿起一塊小石頭，然而各種動物植物和寶藏卻孕育其中；說到水，我們想到的是一勺水、一杯水等等，然而水卻可以深不見底，同樣蘊藏著生物與寶藏。這一切只因為「誠」是沒有片刻止息的。

就我們每一個普通人而言，更要注重「不息」。我們「誠」的本性本身就是深遠而不止息的，我們對於大道的追求、探索也應當是「不息」的。在誠的大道的指導下，我們奮鬥不息，就會厚德博學，從而成就高明，以致經綸天地。倘若玩世不恭，耍小聰明，佔小便宜，甚至肆意妄為，到頭來只會毀掉自己的前途。

從大方面來說，儒家思想中的「誠」並不是如今我們常常提到的簡單的商業意義上的誠信、等價交換，然而我們卻可以從商業的事例中理解至誠的重要。二十世紀八〇年代中期，印度博帕爾省的殺蟲劑洩漏事件導致五千人喪生，這對於聯合碳化物公司來說無疑是個巨大打擊。並且聯合碳化物公司當時的母公司陶氏化學公司，因為沒有及時清理洩漏地點，結果污染了地下水，又導致了一萬五千人死亡。陶氏化學公司曾經坦白地承認因為可能出現的債務問題，他們不能公開承擔責任，或做出賠償。結果在後來的二十年中，陶氏化學公司始終被籠罩在陰影之中。

也是在那個時期，美國強生公司遭到了兩次恐怖襲擊，有人在芝加哥地區一種瓶裝的感冒藥裏投毒，致使大量顧客死亡。第一次襲擊讓強生公司損失了十多億美元，這主要是因為顧客對強生公司失去了信任。但是當幾年後第二次發生這類事情時，強生公司立即收回全國境內商場貨架上的存貨，在幾周內便以真誠、誠信的態度重新建立了在公眾中的形象，產品銷售得以迅速恢復，強生的藥品仍是美國人最愛使用的。這就說明了一點一滴的「誠」的積累可以製造出巨大的成就，至誠可以承載一切。

在這一章的最後，引用《詩經．周頌》中的詩句，仍然是要說明天與地，以及聖人，有一個共同的特點，那就是至誠無息。聖人的德行之所以時至今日仍然為人們所傳頌，像天地一樣生生不息，就是「至誠無息」的功效。

第二十七章——明達智慧，進退自如

原文

大哉聖人之道！洋洋乎，發育萬物，峻極於天。優優大哉，禮儀三百，威儀三千。待其人而後行。故曰，「苟不至德，至道不凝焉。」故君子尊德性而道問學，致廣大，而盡精微，極高明，而道中庸。溫故而知新，敦厚以崇禮。是故居上不驕，爲下不倍。國有道，其言足以興；國無道，其默足以容。詩曰：「既明且哲，以保其身。」其此之謂與？

《譯文》

聖人的道偉大啊！廣博浩蕩，化育萬事萬物，與天一樣的崇高。充足而偉大，禮儀有三百條，威儀有三千條。有待於聖人來實行。所以說，「如果沒有最高的品德，最高的道就不能成功」。所以，君子尊崇道德品性而追求知識學問，達到寬廣博大的境界而又鑽研精微的小處，到達高大光明的境界而遵循中庸之道，溫習已學過的知識從而獲得新的知識，質樸厚道而崇奉禮儀。所以身居上位卻不驕傲，身居下位卻不背棄。國家政治清明，他的言論足以振興國家；國家政治黑暗，他的沉默足以保全自身。《詩經》上說：「既明達而又智慧，可以保全自身。」大概說的就是這個意思吧！

【智慧解析】

代表至誠大道的聖人們所做的事情，如同為自然立言一樣，替天行道，合乎天道與人道，因而化育萬物，與天一樣崇高偉大。他們以至誠的本性，與道合一，無所不能，就像《道德經》中所說的那樣：道常無為而無不為。

然而，聖人們比如說堯、舜、禹、湯、文、武、周公、孔子等等，畢竟是在人間行事，所以還要由他們來帶領人們遵行各種禮儀規範。這些禮儀與規範內容全面，是包羅萬象的。因為他們行至誠之道，所以才能正確地推行這些禮儀規範，從而起到和睦大眾、穩定社會秩序的作用。從聖人自身而言，他們首先要精通世理和禮儀規範，有很高的修養與品德，否則自己尚且無德無能，怎麼能指導教化其他人呢？這是這一章提出的第一個層面的問題。也就是說，本性真誠的聖人具有最高的品德，有真正的修養，大道的推行就要依靠這樣的聖人君子了。

這一章還告訴我們第二個層面的重要問題，那就是我們要怎麼做才能沿著聖人之道為人處世。沒有很高的品德，道就不可能成功，我們當然也要回歸真實無妄的至誠本性，這就離不開學習與實踐。如何學習呢？《中庸》一書告訴我們，要尊崇道德品性而追求知識學問，達到寬廣博大的境界而又鑽研精微的小處，到達高大光明的境界而遵循中庸之道，溫習已學過的知識從而獲得新的知識，質樸厚道而崇奉禮儀。宋代的大哲學家朱熹注《中庸》時說：「故此五句，大小相資，首尾相應，聖賢所示入德之方，莫詳於此，學者宜盡心焉。」意思是說這五句話最能表現聖賢精神，要求學者盡心盡意地研習。

我們首先要尊重自己的道德本性，也就是誠的本性，然後再努力地學習知識。我們在前面就已經知道，沒有誠的道德規範，知識的運用就可能出現偏離，就可能不以正道行事。有了道德的指導，才會有正確的學習目的、方法、用途。有道德的君子所學的知識要既包括小常識、小學問，比如文學、地理、生物等等，還要包括人生、世界、宇宙、本原的哲理，這樣我們才能夠既達到寬廣博大的最高境界，也可以探索研究微觀世界，掌握最精最細的道理，也就是探究世間萬物所蘊含的大道，從而輕鬆自在地生活。為人處事要合乎規律，無偏無倚，無過無不及，大道中庸。了解了大道的規律性，因為真理都是相通的，所以就可以舉一反三、觸類旁通，從已知而了解未知，通過溫習舊有的知識而達到幫助掌握新知識的目的，回歸樸實真誠的本質而崇尚禮儀規範。總之，君子就是既尊重德行，提高道德修養，又講求學問，增長知識；既要充實廣大，具有博厚寬闊的心懷，又要窮盡精微，養成精細嚴謹的作風；既要樹立高遠的理想，目標遠大，又要遵循中和的原則，行為篤實。通過「尊德性」和「道問學」而達到最高境界，這是一種智育、德育並修的要求。

修養與學識是為了實踐，也就是為了讓自己在生活實踐中立於不敗之地。回歸了自然本性，有了修養與學識，那麼當我們身處上位的時候，也不會因為擁有權力而驕橫傲慢，不會自以為「老子天下第一」，更不會去做違背大道的事情。一個人只有擁有了深厚的道德修養和淵博的知識，才會真正認識到自己與自然相比是多麼的渺小與微不足道。而當我們身居下位，只是一個普通得不能再普通的人時，也不會為了生存而蠅營狗苟，背離大道。

在國家政治清明的時候，要為振興國家而出謀劃策、貢獻力量。當國家政治昏庸、暗無天日的時候，既不願同流合污，又善於保存實力，等待機遇，不去以卵擊石，因為在天下如此時，也同樣逃不過規律的框框，為害者必會受到制裁。所以，儒家所推崇的「忠」並不是愚忠。孔子說：「邦有道，危言危行；邦無道，危行言孫。」意思是，國家政治清明，言語正直行為正直；國家政治昏暗，行為正直言語謹慎。孟子也說過：「窮則獨善其身，達則兼善天下。」上至一個國家，下至一個工作單位，由正直的人管理就會風氣清明，由小人管理就會風氣昏暗。然而，君子有自己一以貫之的做人原則，那就是為人要正直、誠信。因此，如果處於有道之地，就暢所欲言，放心做事；若處於無道之地，說話時就有所顧忌，但是絕不昧著良心說瞎話，工作時仍然保持行為正直。做事正直就不會讓別人抓住把柄，但是說話不謹慎卻會禍從口出，招來禍患。總之，有道之人因為懂得中庸的道理，所以無論處於怎樣的境況，行為都不會有差錯。

這正如《詩經》所言：「既明達而又智慧，可以保全自身。」這種智慧，既信奉宇宙人生的大道大德，又是一種恰到好處的安身立命之法，也是一種進退自如的工作的藝術。這種人生態度與「事不關己，高高掛起」並不相同。

第二十八章——愚賤不可自作聰明

原文

子曰：「愚而好自用，賤而好自專。生乎今之世，反古之道。如此者，災及其身者也。」非天子，不議禮，不制度，不考文。今天下，車同軌，書同文，行同倫。雖有其位，苟無其德，不敢作禮樂焉。雖有其德，苟無其位，亦不敢作禮樂焉。

子曰，「吾說夏禮，杞不足徵也。吾學殷禮，有宋存焉。吾學周禮，今用之。吾從周。」

《譯文》

孔子說：「愚蠢卻喜歡剛愎自用，卑賤卻喜歡自作主張。生活在現在的時代卻想恢復古時候的做法，像這樣的人，災禍會降臨到他的身上。」不是天子，不要議論禮儀，不要制訂制度，不要考核文字。現在天下的車子輪距都一樣，書寫的文字一致，行爲的倫理道德一樣。即使有天子的地位，如果沒有天子的品德，是不敢制定禮樂制度的。即使有天子的品德，如果沒有天子的地位，也是不敢制定禮樂制度的。

孔子說：「我談論夏朝的禮制，夏的後裔杞國是不足以驗證的。我學習殷代的禮制，殷的後裔宋國還存有它。我學習周朝的禮制，現在還實行著它，我遵從周禮。」

【智慧解析】

這一章承接了上一章的「居上不驕，為下不倍」的內容，並且做了進一步的闡述。儒家所推崇的中庸之道，要求我們做事情恰到好處、合乎自然，既不能超過，也不可不及。那些愚蠢而沒有道德的人，最主要的一個特點就是自作聰明、剛愎自用。我們每一個人也會自作聰明，想當然地做一些事情，其實自作聰明並非不可救藥，如果一時因考慮不周而出現了失誤，事後分析考察原因而下次改正，或者聽從智者的建議而改正，這樣反而能夠逐漸走向成熟。而愚蠢者的剛愎自用才真正害人，因為這樣的人從來不接受別人的好的建議。愚蠢者本該認識到這一點而更加好學，然而他們剛強得過了頭，結果走向了愚蠢。聰明人往往並非智商比愚蠢的人高出多少，然而他們卻十分注重學習與改進，始終保持著一種謙虛好學的態度。所以說，愚蠢並不可怕，可怕的是愚蠢卻剛愎自用。

同樣的道理，地位卑賤的人，本來應該沒有那麼大的權力，做事之前也應該多聽一聽別人的意見，做好自己的分內之事才是根本。可是卻偏偏目中無人，不安分守己，喜歡自作主張、獨斷專行。這樣的人怎麼可能不失敗。

還有一種人也同樣面臨著災禍，他們明明生活在現在，卻想要恢復古時候的某些做法。然而，孔子一直是主張「克己復禮」的，而這種「禮」恰恰就是古為今用的「周禮」，我們怎麼來理解這一點呢？實際上，孔子主張的是不要硬去推行那些過去的，已經完全不合時宜的道理和做法。做事必須合時宜，時代變了，法則也要有相應的改進。「夏禮」已經失傳，不足以驗證其存在的合理性了，「殷禮」與時代發展不相適應了，而周禮中的許多制度禮儀卻對當時的人有淨化作用，所以孔子主張恢復周禮。過去有好的並且適用於當今的傳統，就要繼承；時代已經發展出更高級的東西，就不要抱著過去的老一套不放手，否則就是倒退，正如《韓非子．五蠹》中所言：「時移則事異，事異則備變」，還說：「今有構木鑽燧於夏后氏之世者，必為鯀、禹笑矣；有決瀆於殷、周之世者，必為湯、武笑矣」。這就是一種發展觀。

從我們個人立身處世來說，更要與時俱進，洞悉發展與變化，順應潮流，敏於應變，不斷地調整自己。固執與一成不變確實十分有害。我們最熟悉的故事就是「刻舟求劍」了，事態已經發展變化了，還不知變通，當然就離災禍不遠了。說到底還是要我們做事合乎中庸之道，這樣才能獲得成功的人生。

接下來要談到的還是「不在其位，不謀其政」的原則。在管理者的位置上，就要去管理；不在管理者的位置上，就不要去制定什麼法度，否則就是為力所不及之事，不是

「過」就是「不及」。

這一章還進一步地強調了品德的重要性。雖然處在那個領導者的位置上，但是如果根本不具備領導者應有的品德素養，也就不要議定禮儀、制定法度、考定文字規範了。即使工作能力極強，也不可能成為一個合格稱職的領導者。那些違法亂紀、貪污受賄、以權謀私的管理者們，雖然他們身在其位，但是卻不是謀其政，而是謀己私，這也是沒有品德修養約束的緣故。

第二十九章——無徵不信，不信民弗從

原文

王天下有三重焉，其寡過矣乎！上焉者，雖善無徵。無徵，不信。不信，民弗從。下焉者雖善，不尊。不尊，不信。不信，民弗從。故君子之道，本諸身，徵諸庶民。考諸三王而不謬，建諸天地而不悖。質諸鬼神而無疑。百世以俟聖人而不惑。質諸鬼神而無疑，知天也。百世以俟聖人而不惑，知人也。是故君子動而世爲天下道，行而世爲天下法，言而世爲天下則。遠之，則有望；近之，則不厭。

詩曰，「在彼無惡，在此無射；庶幾夙夜，以永終譽。」君子未有不如此，而蚤有譽於天下者也。

《譯文》

統治天下有三件重要的事情，做好了就會少有過失啊！處在上位的人，雖然有好的行爲卻不能驗證。沒能驗證就不能使人信服，不能使人信服老百姓就不會聽從。處在下位的人，雖然有好的行爲地位卻不尊貴。沒有尊貴的地位也不能使人信服，不能使人信服老百姓也不會聽從。所以君子治理天下，要以自身的品德修養爲根本，從老百姓那裏得到驗證。考查夏、商、周三代的先王的做法而沒有謬誤，立於天地之間不會悖亂。向鬼神質詢而沒有疑問，在百世以後聖人出現也沒有疑惑之處。向鬼神質詢而沒有疑問，這是懂得天意。百世以後聖人出現也沒有疑惑之處，這是懂得人意。所以君子的舉動能世世代代成爲天下的大道，行爲能世世代代成爲天下的法度，語言能世世代代成爲天下的準則。與他離得遠就會仰望；與他離得近也不會厭惡。

《詩經》中說，「在那裏沒有人憎惡，在這裏沒有人厭煩；日日夜夜辛勞，保持了美好的名望。」君子沒有不這樣做而能夠早早地在天下獲得名譽的。

【智慧解析】

君王要想治理好天下，就必須做制定禮樂、制度、考文這三件大事。如果能把這三件大事辦好，那麼這位君王便很少會犯錯誤了。這三件事其實就是制度規範的設置。這三件事都做到了，也就是大綱制定了，那麼其他事情都依此而行，就不會有大的問題了。如果連基本的大法則都沒有，其他事情做起來也就沒有依據，沒有目標。就好比說一個企業，首先要有自己的法則、規章制度及工作要求，然後企業才能正常發展。

這一章的「上焉者，雖善無徵。無徵，不信。不信，民弗從」這句話，也有人解釋為：「向上推溯，可以一直推溯到夏商二代，這兩代的禮制雖然好，但年代久遠，沒有證驗，所以不可全信。既然不相信，民眾便不會依照二代之禮去做了。」無論是哪一種解釋，都說明了在上位的人的行為也好，上世的法則也好，如果沒有考察與驗證，就不會得到百姓的信任。

那麼向下看，處在下位的人，即使有好的德行，因為他的主張沒有機會得以驗證，所以無人信服，因而就無人聽從。比如說聖人孔子，他的德行雖然近於聖人，然而他始終沒有得到一個足以使他施展才華的尊位，因而他的各種主張就很難得到大多數人的信任與服從，以致辛勞一生四處碰壁。也就是說，為天下王者，要想使民眾相信、聽從他，並且奉行他制定的法度，就要有德、有位，還要有時，這三項缺一不可。試想像孔子這樣的德行、學識都如聖人一般的人，如果居於君王之位，有機會治理天下的話，那麼他的一舉一動就會自然而然地得到天下百姓的信任與擁護，他的行為理念，就會成為後人們的行為標準。做事，就被世人所效法；說話，就為世人所信服。

沒有相應的地位，自然說話沒有人聽，可是如果有名而無實，處在統治管理的地位上卻沒有相應的修養與能力，無法令人看到值得相信的東西，那麼也不會得到老百姓的信服。因為民眾往往是以親眼所見、親身所感來判斷信還是不信的。

因此，君子治理天下會以自己的品德修養為最根本的基礎，然後在天下百姓的身上得到實踐驗證，天下百姓才會心悅誠服。這就是要從自身做起。然後還要向上去考察，看看歷史上的情況怎樣，比如三皇是怎樣做的。歷史是現世的一面鏡子，以史為鑒可以知興替，更要見賢思齊，向古代的聖人智者學習。這樣做了還不算夠，因為不可只做表面功夫，還要在日後的實踐中得到進一步的驗證。取信於後世賢人，看後世賢人是否不會對它產生疑惑；更要放在天地之間，看看自己的這一做法是不是符合天地自然規律的大道，是否真誠無欺。這樣做就是既知天，又知人的聖賢之道，可以用來治理天下了。

這樣做的君王，就會合民心，得到民眾的愛戴，也得到天地神靈與後世賢人的承認。人們與他距離遠一些，就會仰望他；與他距離接近，也不會因為了解了他的「底細」而討厭他，因為這就是他的自然本性，真實而無妄，正如《詩經》中說，「在那裏沒有人憎惡，在這裏沒有人厭煩。日日夜夜辛勞，保持了美好的名望。」舉個例子來說，如今各級政府越來越重視為百姓辦實事，解決實際困難。然而，辦實事卻不是只靠說一說百姓就點頭稱讚的，只有真正在行動中落實了，修道路、建房舍、辦學校等等，經過百姓的檢驗，確實符合百姓的利益，這才會真正得到百姓的認可與信服。並且辦的這些實事，不能是表面文章，要經得起時間的檢驗，以及後世人的評判。

曾國藩曾在他的日記中寫下這樣一句話：「天下事知得十分，不如行得七分」，他還批評部分讀書人只知高談闊論，沒有實際修養和辦事能力時說：「讀書人之通病，約有二端：一曰文不尚實，一曰責人而不責己。尚文之弊，連篇累牘，言之成理，及躬任其事，則亂廢弛，毫無條理。」

而君子的所作所為卻是，上知天意，下曉人意。因而永遠行天下的大道，被百姓所景仰，不會被人們所厭煩。一個聖明的領導者就是應該有這樣一種要求自己從修養到實踐都要「有徵」的自覺性！

第三十章——聖人的偉大之處

原文

仲尼祖述堯舜，憲章文武。上律天時，下襲水土。譬如天地之無不持載，無不覆幬。譬如四時之錯行，如日月之代明。萬物並育而不相害。道並行而不相悖。小德川流；大德敦化。此天地之所以爲大也。

《譯文》

孔子繼承了堯舜二帝，效法周文王和周武王。上遵循天時的自然規律，下符合水土等的地理。就像天和地那樣沒有什麼不能承載，沒有什麼不能覆蓋的。又好像四季的交錯運行，日月的交替照明。萬物一起生長而不相互妨害。各種道理同時並行而不相互違背。小的德行如同江河水一樣長流不息；大的德行敦厚化育萬物。這就是天地之所以爲「大」的原因。

【智慧解析】

孔子是中國歷史上偉大的思想家、政治家、教育家，儒家學派創始人，人類歷史上的文化巨人，世界十大思想家之首。這一章讚揚了孔子這位聖人的偉大之處，以孔子為典範告訴我們如何為人處世才能像天與地那樣的偉大。那麼，孔子為什麼可以與天和地相比美呢？我們先來看一看天與地有著怎樣的美德吧。

首先，天空高遠而廣博，大地博大而包容，既承載又包容，化育萬物而公正無私；其次，天空和大地真實而無妄，所作所為都符合自然界的規律，恩威並用而表現了大道；第三，天與地之間，萬物競相生長而和諧安寧。

比較來說，孔子的德行與天地相似：首先，他學識廣博，對萬事萬物的道理皆能洞悉，並且謙虛地認為自己並非生而知之，因而始終學而不厭；他是一個時代的繼往開來者，他遠取上古的聖人堯和舜之道，近取文王、武王的偉業，把他們的高明做法，比如行中庸之道等等，傳述給後人們以便學習，以他們為楷模；其次，他一生所從事的事業公而忘私，言行表現出了大道規律，合乎自然法則，因而彷彿自然一樣。他同時又能不拘一格，依據現實情況而有所發展。即使前途渺然也樂在其中、不改其志，誨人不倦；

第三，他又具備多種品德，這種品德集於其一身而不相互妨礙，也不失中道。細小的德行彷佛是小的川流，雖然各自分流，卻終歸匯入大河。大的德行，廣博敦厚，容納百川，化育民眾。孔子的所有這些品行，都可以和天地的德行相提並論，天與地的偉大之處與孔子的偉大之處是何等的相似啊！天地以此為「大」，孔子以此為「聖」，這就是孔子流芳百世，成為後世人永遠學習與敬仰的楷模的原因所在。

可見，從歷史上的智者賢人那裏繼承智慧的德行，依據現實情況進行發展發揮；行為不離自然大道、符合規律；道德深厚、智慧廣博，並且包容萬事萬物，這是一個人立身處事得到成功的重要行為法則。儒家所講的修身、齊家、治國、平天下的一系列人生階段的成功皆不離於此。天地的自然規律是我們人類不可改變的，天成或者天殺是自然規律的反映。然而，只要我們的品德行為不違背自然規律，做事時不違背大道法則，我們就完全可以掌握自己的命運。並且，任何一個聰明人都知道，從前人那裏取得經驗與教訓是走向成功的一條「捷徑」，這正如諺語所說：「只有傻瓜從自己的經驗中學習，聰明人從他人的經驗中學習。」真正的聖人君子，行為一定合乎自然的規律，行中庸之道，為人處事真誠無妄，結果自然是得到大道規律的回報。或者說，正是因為他們對自然規律的維護，對學識和修養的追求，以及有一顆如天與地一般的承載、化育之心，才使他們通過自己的合乎規律的行為得到了好的回報。

第三十一章——聰明睿智，足以有臨

原文

唯天下至聖，爲能聰明睿知，足以有臨也；寬裕溫柔，足以有容也；發強剛毅，足以有執也；齊莊中正，足以有敬也；文理密察，足以有別也。溥博淵泉，而時出之。溥博如天；淵泉如淵。見而民莫不敬；言而民莫不信；行而民莫不說。

是以聲名洋溢乎中國，施及蠻貊。舟車所至，人力所通，天之所覆，地之所載，日月所照，霜露所隊：凡有血氣者，莫不尊親。故曰配天。

《譯文》

只有天下最聖明的人，才能做到聰明有智慧，足以居上位而下臨萬物；寬宏大度而溫和柔順，足以包容天下；奮發剛強堅毅，足以執守道理；威嚴莊重中正，足以獲得人們的尊敬；條理清晰精密，足以辨別事物。

（聖人的品德）博大深厚，並且時常表現出來。博大如天；深厚如淵。出現了老百姓沒有不崇敬的；說出的話老百姓沒有不相信的；行爲舉止老百姓沒有不歡悦的。

因此他的聲譽廣泛地流傳在中國，還傳到了邊遠的少數民族地區。凡是船車能夠到達的地方，人力所能通行的地方，蒼天所能覆蓋的地方，大地所能承載的地方，日月所能照耀到的地方，霜露所能降落的地方；凡是有生命的事物，沒有不尊敬和親近的。所以說可以與天相配。

【智慧解析】

這一章是對至德至聖的君子的特點的概括和讚美。說的是只有天下至聖的人，才具有這樣的品德：聰慧、睿智，有遠見卓識以認識事物，辨別真偽，足以臨下來監督管理眾人。寬厚、平和、大度，容易親近，可以容納別人，包容各種各樣的人和事。奮發、堅毅、果斷，能夠不屈不撓，足以堅持正確的主張。威嚴、莊重、中庸，足以令他人感到肅然起敬，獲得他人的敬重。理性、周密、明辨，足以使其辨別事物、深入考察。

我們知道，人類的聽覺、視覺幫助我們了解、認識這個世界。然而，我們聽到的、看到的卻不足以使我們正確地認識事物，因為我們的眼睛、耳朵常常只向我們提供眼前的、顯而易見的事物，從而遮蔽了事物的本質和真理。是頭腦（心靈）的思考最終使我們對看到聽到的事物做出判斷，得出結論。正如孟子所說：「心之官則思，思則得之，不思則不得」。古人說，耳明聽為聰，目明見為明，頭腦明智為睿。只有耳無不聞，目無不見，智無不通，睿無不達，才可以君臨天下，管理民眾。有些人看不見事情的本質，聽不見該聽到的聲音，頭腦裏一派糊塗道理，古往今來，這樣的人君臨天下而誤國誤己的不是少數。而另一些人則可以通過視、聞、思，達到聰明睿智。《呂氏春秋》中記載了東郭牙可以根據別人說話的口型、手勢並結合當時的政治形勢而猜測出對方所言何事，所以很得齊桓公和管仲的賞識，被破格提拔。東郭牙根據管仲的表情和手勢而斷定齊要伐莒，所以被管仲稱為「聖人」。《呂氏春秋》中寫道「聖人聽於無聲，視於無形」，這便是聖人聰明、睿智的一種表現。

儒家主張我們做人應當具有仁、義、禮、智四德。也就是為人處世寬宏大量、溫和柔順，可以包容、理解他人的對錯，這就是「仁」。因為包容，所以博大深厚。「海納百川，有容乃大」，海因其闊大，方憑魚躍；天因其高闊，才任鳥飛。胸襟的大小，往往決定一個人境界的高低，也決定著一個人成就的大小。

不過，雖然胸襟寬廣，包容一切，表現一切，但是在原則問題上卻不可輕易妥協、讓步，而要堅決執守正義，堅持真理，扶持正義，這就是「義」。

代表正義，有威儀和尊嚴，做事合乎法度，整齊莊重，以禮敬之心待人接物，恭恭敬敬地處事做人，這就是「禮」。因為以禮為人，以禮待人，所以也會得到恭敬的回報。

包含著天下萬物，卻有條有理，周密詳實。明辨是非真偽，明斷事理人情，耳聰目明，這就是「智」。正因為聖人君子有了聰明睿智、寬裕柔順、剛強堅毅、莊重中正、條理密察這五大美德，所以才可能把天下國家百姓交付給他們治理。這也可以理解為《中庸》給管理天下者制定的德行標準。合乎它們，就是一個好君王；不合乎它們，就是一個昏君，當然也就不是一個君子。

這些美德廣博宏大，就好像淵深而又流溢的泉水一樣，無不周遍，又深不可測。一旦把這些美德表現出來，民眾就沒有不敬愛的，也沒有不信服的。民眾以此為自豪，因而內心喜悅，真心擁戴。這些美德經由人們的傳頌，到達了人所能至的各個角落。這就是美德的力量。

就好像聖人孔子一樣，雖然他在世的時候周遊列國卻無法完全施展抱負，也沒有真正找到知音，然而他思想和德行卻傳遍了天下，二千五百多年來，中國人的思想中或多或少都有孔子的精神血統，他的儒家思想也影響了世界上其他地區的一部分人。在一九八八年，一批諾貝爾獎獲得者集聚法國巴黎，宣稱「人類要在二十一世紀生存下去，必須回首二千五百年前，從孔子那裏尋找智慧」。這是真正的「聲名洋溢乎中國，施及蠻貊。舟車所至，人力所通，天之所覆，地之所載，日月所照，霜露所隊：凡有血氣者，莫不尊親。故曰配天」。

第三十二章——至誠者經綸天下

原文

唯天下至誠，爲能經綸天下之大經，立天下之大本，知天地之化育。夫焉有所倚？肫肫其仁！淵淵其淵！浩浩其天！苟不固聰明聖知，達天德者，其孰能知之？

《譯文》

只有天下最眞誠的，才能對天下法則加以整理，樹立天下的根本，懂得天地的變化，生育萬物的道理。這需要依靠什麼呢？他的仁德之心至誠！思慮深遠如潭水！品德廣闊如蒼天。如果不是天生聰明有智慧，通達天賦美德的人，還有誰能知道他呢？

【智慧解析】

這一章又回到了至誠的問題上。闡述只有至誠的人，才可能掌握天下的至道，認識人類世界和宇宙自然，對於各種理論都能發揮到極致。因為至誠的人真實無妄，沒有私心雜念，因而真正了解天下的法則，知曉天道與人道，所以可以建立天下的大根本，可以去左右天下國家的大綱，去為治國制定法度。為什麼至誠的人有如此的能力呢？因為他明白至誠不息本身就是一切的根本法則，所以把自己掌握的所有倫理、道德都絲毫不加雜私欲地運用、發揮出來了，因而可以駕馭千變萬化的人與事，正所謂「萬變不離其宗」，至誠就是這個「宗」。經綸、立本、知化這三件治國大事，都依靠著真誠。

自然界駕馭萬物是以一個「誠」字；聖人駕馭國家也是以一個「誠」字；那麼，我們駕馭身邊的人與事也應當以一個「誠」字。舉個例子來說，可能有許多人認為駕馭下屬只要靠權威和命令就可以了。然而清代名臣曾國藩在談到駕馭將領之道時則說「最貴推誠，不貴權術」。他認為為官也好，為將領也好，必須具備「待人以誠」的美德。待人以誠，那麼別人也可能待己以誠，這就是以誠換誠。即便是有一些人不以誠待己，也沒有關係，這樣的人終歸會遭到輿論的譴責，使之怵然省悟。然而，如果待人以權術，恃盛氣挾私見，當然也可能一時間得勢，但是卻最終會遭到唾棄。所以，只有以誠換誠才可能常保不敗。也就是說，「誠」可以給為官者帶來真心實意的追隨者，而不是懾於官威或心存私欲的「擁護者」。

我們知道，朱熹把「誠」解釋為真實無妄，那麼，不誠的人就是虛偽狂妄、自欺欺人者了。這樣的人的心靈已經完全被自私與貪婪遮蔽，變得與智慧無緣，因而也無法真正了解大道法則。

心靈無誠字，那麼做什麼事都會動機不純，行為就會遠離大道與正道。朱熹說：「誠其意者，自修之首也。」意思是「誠」是自我德行修養的首要與前提。一個自我修養的人只有在動機和意念上真誠無妄，才能真正使自身的修養有所進步和成就，也才能真正實現自我完善。如果在動機和意念上不能做到一個誠字，就會永遠自欺欺人。

至誠的君子之所以能治理天下，靠的就是心中的一個「誠」，也就是真實無妄。那「誠」到底是什麼樣子的呢？它的表現是，仁德之心至誠，思慮深遠如潭水，品德廣闊如蒼天。達到這樣的境界，他的人生就與天地自然相通達。這一章的結尾一句，是作者的反問，表達的是肯定的意思，是說只有至誠的人才能通曉天地至道。

第三十三章——潛雖伏矣，亦孔之昭

原文

詩曰，「衣錦尚絅，」惡其文之著也。故君子之道，闇然而日章；小人之道，的然而日亡。君子之道，淡而不厭、簡而文、溫而理。知遠之近，知風之自，知微之顯。可與入德矣。

詩云，「潛雖伏矣，亦孔之昭。」故君子內省不疚，無惡於志。君於之所不可及者，其唯人之所不見乎。

詩云，「相在爾室，尚不愧於屋漏。」故君子不動而敬，不言而信。

詩曰，「奏假無言，時靡有爭。」是故君子不賞而民勸，不怒而民威於鈇鉞。

詩曰，「不顯惟德，百辟其刑之。」是故君子篤恭而天下平。

詩云，「予懷明德，不大聲以色。」子曰，「聲色之於化民，末也。」

詩曰：「德輶如毛。」毛猶有倫。「上天之載，無聲無臭。」至矣。

《譯文》

《詩經・衛風・碩人》中說：「裏面穿著錦緞衣服，外面罩著布衫，」這是厭惡錦緞的衣服花紋太明顯。所以君子所奉行的大道，開始深藏不露而日益彰顯；小人所奉爲人之道，開始顯露而日益消亡。君子所奉行的大道，平淡而不令人生厭，簡略而有文采，溫和而有條理，知道由近及遠的道理，知道由風知源的教化的道理，知道微小的東西也會彰顯的道理。就可以進入高尚道德的境界。

《詩經・小雅・正月》中說：「即使潛藏得很深，也會很明顯的。」所以君子自我反省沒有愧疚，無損於心志。君子的德行之所以難以達到的原因，大概就是在這些不被人們所看見的地方也嚴格要求自己吧。

《詩經・大雅・抑》中說：「看你獨自在室內的時候，是不是心地光明而無愧於神明。」所以，君子即使在沒有行動的時候也是恭敬的，在沒有說話的時候也是誠信的。

《詩經・商頌・烈祖》中說：「肅穆無言地進奉誠心，就沒有爭執。」所以，君子不用賞賜而老百姓就會受到勉勵；不用發怒而老百姓就會像畏懼斧頭一樣畏懼。

《詩經．周頌．烈文》中說，「弘揚德行，諸侯都來效法他。」所以，君子篤實恭敬天下就可以太平。

《詩經．大雅．皇矣》中說：「我懷念周文王光明的品德，不用厲聲厲色。」孔子說：「用厲聲厲色來教育百姓，是沒用的下下策。」

《詩經．大雅．烝民》中說：「用品德教化人輕而易舉如鴻毛。」鴻毛雖輕但還是有物可比擬。（《詩經．大雅．文王》中說：）「上天所承載的，沒有聲音也沒有氣味。」這才是最高的境界啊。

【智慧解析】

這一章是《中庸》的最後一章，全部引用了《詩經》中的話語，用來總結中庸之道，以及論述君子之德應該怎樣，反覆強調了以德化民，非常形象生動。朱熹在《中庸章句》的末尾大發感歎說：「蓋舉一篇之要而約言之，其反覆叮嚀示人之意，至深切矣，學者其可不盡心乎！」

《詩經·衛風·碩人》篇中說，女子穿著漂亮的錦緞衣服，但卻在上面罩上粗麻布衣，這樣做的目的很容易理解，就是怕錦繡衣服太耀人眼目了，所以用粗麻布衣蓋住。這是用來比喻君子並不願意張顯自己的美德。錦繡的衣服固然炫目好看，可是過分地張顯就令人生厭了。這就好比好的品德一樣，張揚出來反而不再是美德，如果謙虛而恰到好處地稍作掩飾，它並不會消失，反而會更加令人欣賞。君子擁有好的德行，並非是要表演給別人看的，因此不會刻意聲張，而是內心修養，在言談舉止中自然而然地流露出來。君子奉行大道也是如此，君子更重視內在的修鍊，開始時不刻意的顯露，可是隨著日積月累，修養和學問還是會逐漸彰顯出來，結果是周圍的人對他越來越景仰。

小人的做法與君子恰恰相反。他們在意外表的粉飾，喜歡作表面文章，容易驕傲忘形。只要是做了一件好事，就巴不得「地球人都知道」，喜歡到處炫耀。要是發現自己有個優點，也會到處顯示。有一點小小的成績就自吹自擂，邀功請賞，雖然一時間也能夠得到人們的欣賞，也可能小有成就，但是那就好比常常露在外面的錦繡衣服一樣，天長日久便經不起時間的考驗，漸漸褪色，空洞日顯，也就不足為道了。

君子奉行的大道，彷彿是平淡無奇的，就像一杯清茶，清爽而耐人品味，溫和而有條理。由遠及近，經歷的時間越久，遇到的事情越多，就越讓人有好感。君子的做法就是中庸之道的表現，注重自身的修潔，不會自己主動、過分地張揚，不冒進，不炫耀，而是謙虛穩重、堅持不懈。他們知道由風知源的教化的道理，知道微小的東西也會彰顯的道理，其結果是德行修進，大道自顯，得到別人的敬仰與效仿，這就是最高尚的境界。

所以，君子之德看似簡略，實則英華內斂；看似平淡，實則條現清晰；看似疏遠，實則與人親近。君子不注重作表面文章，更不會矯揉造作地顯露，而是注重內心、品德的真正修鍊。

儒家在個人德行的修養問題上主張「慎獨」，「慎獨」是指一個人在獨自居處的時候，也能自覺地嚴於律己，謹慎地對待自己的所思所行，防止有違道德原則的欲念和行為發生，從而使道義始終貫穿自己思想與行為。也就是要我們注重反心自省，考察自己心中是否有愧疚的事情。君子的人生標準是貫穿他一生的，從內心到行為是一致的。他們的用功之處，並非一定要讓他人看到，就如《淮南子．說山訓》中所言：「蘭生幽谷，不為莫服而不芳；舟行江海，不為莫乘而不浮；君子行義，不為莫知而止休。」長此自律，即使是在無人能看見的心中修養德行，可是由於任何行為都是思想的反映，因此好的德行還是會顯露出來的。就像《詩經》中所說的那樣：「潛雖伏矣，亦孔之昭。」

後面引用的《詩經．大雅．抑》中的話也說出了同樣的道理。「屋漏」是指房屋西北角最隱蔽、最黑暗的地方，這裏用來指代司掌屋漏的屋漏神。也就是說，即便是在別人最不易看見的屋角為非作歹，也會愧對於在那裏的屋漏之神。我們身邊的有些人，自以為自己所做的壞事沒有人看到就可以放心大膽地做，自以為自己在私下裏所想的壞念頭又沒有產生行動就無所謂。殊不知，「頭上三尺有神明」，要想人不知除非己莫為，只要是做了不合道義的事情，總有一天事情會敗露的。並且，那些自己在私下裏所想的壞念頭，即使一時間沒有付諸行動，但是日積月累下來，必定會對我們的行為造成影響，由於平時便常常對自己放鬆思想上的要求，一旦遇到某一個時機，就可能付諸行動，為非作歹，許多犯罪行為就是這樣產生的。

所以，慎獨的君子即使在沒有行動的時候也是恭敬的，在沒有說話的時候也是誠信的。以一顆至誠無欺的心不懈怠，時時進德，修養到了極致，那麼，他的一切言語行為都會成為天下人的楷模。甚至不用有所要求、獎勵，人們就會爭先恐後地行善事；不用大發雷霆，就會得到人們的信任與敬畏。以獎勵來使人們去做善事，人們的功利之心就會漸漸產生；以憤怒刑罰來使人們不做惡事，人們不做惡事只是因為迫於刑罰的威懾，並非由衷地為善，壓迫久了人們就會漸漸起來反抗，以牙還牙，以眼還眼。因此孔子說，用厲聲厲色來教育百姓，是沒用的下下策。

聖人君王是這樣以身作則的，內心修潔，產生了足以感化他人的人格魅力。即使不去肆意張揚於外，四方的諸侯都爭相效法他，結果天下四方就安定和平了。正如《詩經》中所言，「上天所承載的，沒有聲音也沒有氣味」，絕妙到極點，真是「潤物細無聲」。因此，中庸至誠之德，既是修德的最高境界，也是教化的最佳手段。《大學》中格物、致知、誠意、正心、修身、齊家、治國、平天下的任務就這樣完成了，這就是中庸至誠的力量！

中庸的智慧／子思原著；丹明子解譯. -- 一版.
-- 臺北市：大地, 2010.02
面：　公分. --（大地叢書：31）

ISBN 978-986-6451-13-3（平裝）

1. 中庸　2. 研究考訂

121.2537　　99001002

中庸的智慧

大地叢書 031

作　　者	子思
譯　　者	丹明子
發 行 人	吳錫清
主　　編	陳玟玟
出 版 者	大地出版社
社　　址	114台北市內湖區瑞光路358巷38弄36號4樓之2
劃撥帳號	50031946（戶名　大地出版社有限公司）
電　　話	02-26277749
傳　　眞	02-26270895
E-mail	vastplai@ms45.hinet.net
網　　址	www.vasplain.com.tw
美術設計	普林特斯資訊有限公司
印 刷 者	普林特斯資訊有限公司
一版二刷	2011 年 2 月

大地

定　　價：220元